Rudolf Steiner

Texte zur Einführung in die
Anthroposophie

Rudolf Steiner

Texte zur Einführung in die Anthroposophie

Herausgegeben von
Gerhard Wehr

Kösel

ISBN 3-466-20435-6
© 1998 by Kösel-Verlag GmbH & Co., München
Printed in Germany. Alle Rechte vorbehalten
Druck und Bindung: Kösel, Kempten
Umschlag: Kaselow Design, München
Umschlagmotiv: Goetheanum in Dornach,
© Archiv für Kunst und Geschichte, Berlin –
mit Faksimile aus einem Notizbuch Rudolf Steiners, um 1890

1 2 3 4 5 · 02 01 00 99 98

*Gedruckt auf umweltfreundlich hergestelltem Werkdruckpapier
(säurefrei und chlorfrei gebleicht)*

Inhalt

Anthroposophie als Zeitphänomen

Einleitung des Herausgebers

Auf vielfältige Weise tritt die Anthroposophie Rudolf Steiners heute in Erscheinung. Wohl ist sie in erster Linie als eine Geistesbewegung anzusehen. Sie versteht sich selbst als eine »Geisteswissenschaft«, und zwar in einem recht wörtlich genommenen Sinn als Wissenschaft vom Geist und als ein spiritueller Weg. Ideengeschichtlich schließt Steiner an die deutsche Klassik, insbesondere Goethe und Schiller, und an die idealistische Philosophie (Fichte, Hegel, Schelling) an. Eine hohe Einschätzung erfährt Novalis. Anders als die anglo-indische Theosophie einer H.P. Blavatsky erblickt Steiner in der Christus-Erscheinung das zentrale Ereignis der Menschheitsgeschichte überhaupt. So gesehen bedarf es bei aller Hochschätzung der östlichen Spiritualität keiner Anleihen von dort. Seine Maxime lautet vielmehr: »Der Christus ist der Geist der Erde.« Für das menschliche Leben und Erkennen hat diese Tatsache der Inkarnation nicht zu unterschätzende Konsequenzen.

Gemeint ist hierbei eine Erkenntnisbemühung, die sich solchen Bereichen zuwendet, die den herkömmlichen wissenschaftlichen Disziplinen in der Regel verschlossen bleiben, weil eine spezielle Erkenntnismethode anzuwenden ist, eben die anthroposophische. Sie will über die Grenzen anderer Forschungswege hinausführen. Von ihr ist zu sprechen, wenn im anthroposophischen Sinn von Geistesschulung die Rede ist.

In der Gegenwart sind es insbesondere die praktischen Arbeitsergebnisse der Anthroposophie, die im Laufe der Jahre öffentlichkeitswirksam geworden sind. Hierfür nur einige Beispiele:

Geradezu globale Verbreitung haben die *Waldorf-Schulen* gefunden, denen ein spirituell durchwirktes Bild von Mensch und Welt zugrunde liegt. Seitdem der »eiserne Vorhang« gefallen und die marxistisch-leninistische Ideologie im Osten zusammengebrochen ist, werden auch in den früheren Ostblock-Staaten freie Schulen im Sinne Rudolf Steiners eingerichtet. Eingesehen wird: Eine verantwortbare Veränderung der äußeren Verhältnisse muss beim Menschen selbst beginnen, der in seiner geistig-seelisch-leiblichen Ganzheit zu respektieren ist. Erziehungskunst und Menschenbildung sind gefragt. Hierzu hat Steiner in mehrfacher Hinsicht Beiträge geliefert.

Das Bedürfnis nach *Vollwertkost* erreicht immer weitere Menschenkreise. Dabei ist nicht zu leugnen, dass die von Steiner initiierte biologisch-dynamische Wirtschaftsweise und die in diesem Zusammenhang erzeugten Lebensmittel einer Zeitforderung entsprechen. Auch wenn die nach den von Steiner angeregten Anbaumethoden bestellten Ackerflächen derzeit (1996) kaum ein Prozent der landwirtschaftlich genutzten Anbaugebiete in der Bundesrepublik Deutschland darstellen, so ist doch die Tendenz steigend.

Medizin und Heilmittelherstellung haben durch die anthroposophische Grundlegung eine qualitative »Erweiterung« erfahren. Die Probe aufs Exempel wird tagtäglich geleistet, in anthroposophisch geleiteten Kliniken, Sanatorien und Arztpraxen. Bis in die Krankenhausorganisation hinein ist der alternative Ansatz spürbar: für Patienten, Pflegepersonal und Ärzteschaft. Die ebenfalls stark expandierende und anthroposophische *Heilpädagogik* leistet Beispielgebendes. Der leiblich-seelisch behinderte Mensch wird als Individualität, das heißt von seiner Wesensmitte und nicht vorrangig von seinen körperlichen Defiziten her ernst genommen. Von daher ergibt sich ein Ansatz, der der Person-ganzheit entspricht.

Zu den genannten Bereichen treten weitere Aktivitäten hinzu, etwa *künstlerische* und *sozialpolitische* bzw. *sozialtherapeutische.* Der Versuch, einen »Dritten Weg« zu finden, der die Einseitig-keiten von Kapitalismus und eines ideologisch überfrachteten bzw. missdeuteten Sozialismus überwindet, geht ebenfalls auf den Begründer der Anthroposophie zurück. An ihren markanten Früchten, die qualitativer Natur sind, lässt sie sich erkennen und in ihrer Gegenwartsbedeutung einschätzen.

Nimmt man nun all diese Elemente zusammen und erkundigt man sich nach den geistigen Grundlagen dieser »anthroposo-phisch orientierten Geisteswissenschaft«, dann stößt man auf ein Welt- und Menschenbild, das der *Mehrdimensionalität der Wirk-lichkeit* Rechnung tragen möchte. Mit anderen Worten: In an-throposophischer Sicht geht es stets darum, die materiell-leibli-che und die seelische Seite durch die geistige Dimension zu ergänzen.

Gemeint ist jeweils ein Denken und ein Tun, das – wie die Praxis zeigt – lebensfähig und kulturbefruchtend ist. Es sind Resultate, nach denen auch jene fragen, die der Lehre Steiners aus irgendwelchen Beweggründen nicht näher treten möchten, sei es aus weltanschaulichen oder aus religiösen Motiven. Dabei ist nicht zu übersehen, dass Steiner aus einem Erfahrungswissen schöpft, dem eine individuelle Begegnung mit dem Christus zugrunde liegt. Von ihr hat er in eindrücklicher Weise Zeugnis abgelegt. Von dem Christus-Verständnis der kirchlichen Tradi-tion unterscheidet sich die Steinersche Anschauung freilich in mehrfacher Hinsicht. Andererseits ist nicht zu leugnen, dass nachhaltige und fortwirkende Impulse von der anthroposophi-schen Sicht ausgegangen sind. Von daher erklärt sich, dass der Dialog zwischen kirchlicher Theologie und Anthroposophie seinerseits seit langem dazu anregt, sich der jeweils eigenen Glaubens- und Erkenntnisgrundlagen zu vergewissern.

Zur biographischen Orientierung

Der gebürtige Deutsch-Österreicher Rudolf Steiner ist am 25. Februar 1861 in Kraljevec/Ungarn geboren. Weil sein Vater auf einer Reihe kleiner Stationen der österreichischen Eisenbahn Dienst tat, gehörten technische Vorgänge zu den Eindrücken, die der vielseitig interessierte, vor allem für mathematische Gesetzmäßigkeiten aufgeschlossene Junge frühzeitig kennen lernte. Das Streben nach einer exakten Beobachtung und Beurteilung des Sichtbaren wurde ihm deshalb besonders wichtig, weil er ebenfalls Eindrücke vom Übersinnlichen her empfing. Er fühlte: »So wie Geometrie muss man das Wissen von der geistigen Welt in sich tragen.« Die Wirklichkeit dieser Welt wurde ihm mehr und mehr so gewiss wie die der sinnlichen. Statt sich jedoch den im 19. Jahrhundert verbreiteten Formen des Spiritismus und des Mediumismus zuzuwenden, erblickte Steiner im Laufe seiner Entwicklung seine Aufgabe darin, einen spirituellen Erkenntnisweg zu entwickeln, der der heutigen Bewusstseinsart angemessen ist. Rückgriffe auf vorrationale, somit antiquierte Seelenfähigkeiten, wie sie etwa in archaischen, in magischen oder mythischen Bewusstseinsstrukturen gegeben waren, schloss er prinzipiell aus.

Seiner eigenen Erfahrung und Ausbildung gemäß musste dieser Weg so geartet sein, dass er einerseits die Exaktheit und Zuverlässigkeit vermittelt, wie sie die Naturwissenschaft auf ihrem Feld besitzt. Andererseits sollten die von der experimentellen Forschung nicht erfassten Bereiche der Wirklichkeit zugänglich werden.

Der Absolvent der Landesoberrealschule in Wiener Neustadt schrieb sich im Herbst 1879 an der Technischen Hochschule in Wien ein. Sein Studiengang war von Anfang an breit angelegt. Er erstreckte sich auf natur- und auf geisteswissenschaftliche Fächer. Sein Pflichtstudium ergänzte er durch Vorlesungen und Seminare u.a. in Literaturgeschichte und Philosophie. Auf diese Weise qualifizierte er sich für die Herausgabe der Naturwissen-schaftlichen Schriften Goethes im Rahmen einer großen Klassi-kerausgabe.

Es waren insbesondere erkenntnistheoretische Fragen, denen er sich viele Jahre hindurch widmete. Einerseits machte er sich mit den damals herrschenden Theorien Darwins, dann mit denen Ernst Haeckels vertraut. Auch die in den achtziger und neunziger Jahren bekannter werdenden Schriften Friedrich Nietzsches er-weckten seine Aufmerksamkeit. Auf der anderen Seite bestimmte der naturforschende Goethe Steiners Tätigkeit. Er wurde Mitar-beiter am Goethe- und Schiller-Archiv in Weimar. Seine erkennt-nistheoretische Arbeit fand ihren Niederschlag in seiner philo-sophischen Dissertation und in »Die Philosophie der Freiheit« (1894).

Der hart an der Grenze zum Atheismus sich bewegende junge Rudolf Steiner erlebte in der Lebensmitte, d.h. noch vor der Jahrhundertwende, sein »geistiges Gestandenhaben vor dem Mys-terium von Golgatha«. Es ist die Formulierung, mit der er seinen inneren, vom konfessionellen Kirchentum unabhängigen Zu-gang zu der Wirklichkeit Christi markierte. Jahrelang lebte er als freier Schriftsteller in Berlin und als Lehrer an der von Wilhelm Liebknecht begründeten Arbeiterbildungsschule, bevor er nach 1900 auf Menschen stieß, denen er seine ersten spirituell getön-ten Erkenntnisfrüchte in Wort und Schrift darbieten konnte, z.B. in »Die Mystik im Aufgange des neuzeitlichen Geisteslebens« (1901) und »Das Christentum als mystische Tatsache« (1902). Darauf gestützt schloss er sich der anglo-indischen Theosophie an, die 1875 von der Russin Helena Petrovna Blavatsky (1831-1891) ihren Ausgang genommen hatte. Ein Jahrzehnt hindurch stand er als Generalsekretär an der Spitze der deutschen Sektion dieser »Theosophischen Gesellschaft« (Theosophical Society). Festzuhalten ist aber, dass er von Anfang an bestrebt war, die vom Geist des Christentums erfüllte mitteleuropäische Tradition der Theosophie zu aktualisieren. Darunter verstand er u.a. die Mystik Meister Eckharts und Johannes Taulers, die von Jakob Böhme und seinen Nachfahren vertretene Spiritualität, die Esoterik im Werk Goethes, die Philosophie Fichtes, Schellings und anderer.

Die innere Konsequenz, mit der er diese auf der Basis des Christentums gegründete Geistigkeit vertrat, hatte zur Folge, dass Steiner in einem kritischen Moment jener anglo-indischen Theosophie den Abschied gab, sich von ihr trennte und mit einem Großteil des deutschen Mitgliederbestandes die Anthroposophische Gesellschaft (1912/13) ins Leben rief. Interne Krisen führten 1923 zur Begründung der heutigen Allgemeinen Anthroposophischen Gesellschaft.

Ihr diente er als Vortragender, als geistiger Lehrer und Berater bis zu seinem Tod am 30. März 1925.

Steiners Werk im Umriss

Niedergelegt sind die Inhalte seiner Lehre in mehreren Schriften, darunter vor allem in solchen, die die anthroposophische Erkenntnismethode als einen meditativen Übungsweg beschreiben, darunter: »Wie erlangt man Erkenntnisse der höheren Welten« (1904/05) sowie »Die Geheimwissenschaft im Umriss« (1910). Der weitaus größere Teil seiner geistigen Hinterlassenschaft setzt sich aus Vorträgen zusammen, so dass die heute bis auf wenige

Teile verfügbare Rudolf-Steiner-Gesamtausgabe (GA) aus mehr als 300 Bänden besteht.

Thematisch handelt es sich um Vorträge zur Christologie, zum Verhältnis der östlichen Überlieferung sowie zu verschiedenen Lebens- und Erkenntnisgebieten. Grundlegendes zur Erziehung des Kindes und zur Waldorfpädagogik, zu einer Erweiterung der Medizin, der biologisch-dynamischen Landwirtschaft, ferner zu künstlerischen, sozialen und zu religiösen Fragen ist ebenfalls in Vortrags- bzw. in Gesprächsform niedergelegt.

Kennzeichnend für das Lebenswerk Rudolf Steiners ist es, dass er sich nicht allein darauf beschränkte, Erkenntnisse mitzuteilen oder Interpretationen zu liefern. Großen Wert legte er auf die Veranschaulichung des Gesagten und auf die tätige Umsetzung der Lehre. So verfasste er vier Mysteriendramen, die Erkenntnisvorgänge in dramatischen Bildern wiedergeben und erlebbar machen. In diesem Zusammenhang ist eine eigenständige Bühnenkunst zu sehen. Zu ihr gehört die Eurythmie, eine Bewegungskunst als sichtbar gemachte Sprache. Therapeutische Wirkung entfaltet die am medizinischen Sektor angesiedelte Heileurythmie. In dem ersten, 1922 durch Brandstiftung zerstörten »Goetheanum« schuf Steiner den vor allem für die künstlerischen Aktivitäten bestimmten Saalbau. Das geschah in Dornach bei Basel, dem Sitz der Allgemeinen Anthroposophischen Gesellschaft. Hier konstellierte Steiner mit der Unterstützung zahlreicher Mitarbeiterinnen und Mitarbeiter Institute und Werkstätten, in denen das gesprochene Wort die adäquate, zugleich beispielgebende Umsetzung erfahren konnte.

Um das primär Anthroposophische nochmals zu unterstreichen: es handelt sich um eine Erkenntnismethodik, um eine spirituelle Praxis, die zu Eigenerfahrungen führt, während Steiners Wort im Wesentlichen Hinweis und Anregung geben will. Sie fordert weder blinde Gefolgschaft noch einen unanthroposophischen Autoritätsglauben, sondern appelliert an den in Freiheit zu entfaltenden Erkenntniswillen. Daher lautet der erste, zugleich richtungsweisende Leitsatz, den Steiner seiner Schülerschaft vermächtnishaft hinterließ:

»Anthroposophie ist ein Erkenntnisweg, der das Geistige im Menschenwesen zum Geistigen im Weltall führen möchte. Sie tritt im Menschen als Herzens- und Gefühlsbedürfnis auf. Sie muss ihre Rechtfertigung dadurch finden, dass sie diesem Bedürfnisse Befriedigung gewähren kann. Anerkennen kann Anthroposophie nur derjenige, der in ihr findet, was er aus seinem Gemüte heraus suchen muss. Anthroposophen können daher nur Menschen sein, die gewisse Fragen über das Wesen des Menschen und die Welt so als Lebensnotwendigkeit empfinden, wie man Hunger und Durst empfindet.«

Obwohl Steiner im Rahmen seiner Darstellungen eine *umfassende Deutung der Wirklichkeit* gegeben hat, dazu eine Fülle von Einzelmitteilungen, die im Sinne einer Erweiterung des bisherigen Erkenntnishorizontes angesehen werden können, dürfen seine Angaben – entgegen mancher Praxis in Anhängerkreisen – nicht etwa dogmatisch aufgefasst werden. Wer wie Steiner in so hohem Maße auf die Wahrung der individuellen Freiheit setzt und an den prüfenden Verstand appelliert, auch seinen eigenen Anschauungen gegenüber, der kann sich Elemente der Anthroposophie mit der gebotenen Unvoreingenommenheit zu eigen machen. In dieser freilassenden Weise ist auch die vorliegende Auswahl der Texte zur Einführung in die Anthroposophie gemeint.

Schwarzenbruck bei Nürnberg
Gerhard Wehr

Anthroposophie als spiritueller Weg

W er sich ein Bild der Wirklichkeit verschaffen will, der kann vor den so genannten Grenzgebieten der Wissenschaft nicht Halt machen. Er wird ihre diversen Methoden prüfen und auch ihre Ergebnisse unter die kritische Lupe nehmen. Wie bekannt werden seit alters verschiedene Zugangsmöglichkeiten genannt, um an »jenseitige« bzw. als jenseitig empfundene Bereiche heranzukommen. Wenn der griechische Weise Heraklit einst von der Unauffindbarkeit der Grenzen der Seele gesprochen hat, ganz gleich, welchen Weg man einschlage, dann ist damit ein Signal gegeben, das auch heute noch Beachtung verdient.

Blickt man nun in die Biographie des jungen Rudolf Steiner hinein, insbesondere in die Zeit, in der er sich noch vor 1900 vornehmlich mit naturwissenschaftlichen und erkenntnistheoretischen Fragen auseinandersetzte, dann fällt auf, mit welchem Elan er sich der Erkenntnisskepsis entgegenstellte. Der damals viel diskutierten These: »Wir wissen nicht und wir werden auch nicht wissen« (ignoramus ignorabimus) widersprach er energisch. Wenn sich seine Argumentationsweise auch mit der Zeit veränderte, so könnte man doch sagen: Anthroposophie erhebt den Anspruch, manche als unüberschreitbar erklärte Erkenntnisgrenzen zu überschreiten. Dass das nicht auf dem Weg einer bloßen Spekulation erfolgen solle, bestimmte seine Eigenerfahrung. Sie lässt sich abgestuft charakterisieren als eine imaginative, als inspirative und als eine intuitive Wahrnehmung (1). Das Äußere, das mit den Sinnen zu Erfassende etwa in der menschlichen

Physiognomie will als Ausdruck eines Seelisch-Geistigen genommen werden.

Diese Vorgehensweise soll nicht als eine Opposition zu den als »wissenschaftlich« anerkannten Methoden angesehen werden. Und doch ist das Erfordernis einer Wahrnehmungs- und Erkenntnisweise einzusehen, in der die spirituelle Dimension anerkannt wird. Insofern ist von einer Zeitforderung zu sprechen, einer Forderung, die insbesondere von der jeweils jungen Generation erhoben zu werden verdient (2). Die Aufmerksamkeit lenkt Steiner herbei – analog zur Tiefenpsychologie, jedoch unter Anwendung anderer Erkenntnismittel – auf die »Tiefen der Seele« (3).

1 Vor dem Horizont des Übersinnlichen

Anthroposophie ist keine philosophische Spekulation. Sie geht, um die Unsterblichkeit kennen zu lernen, nicht aus vom gewöhnlichen Bewusstsein, sondern sie geht davon aus, die in der Seele schlummernden Fähigkeiten, über deren Schlummer man sich klar wird durch intellektuelle Bescheidenheit, zu erwecken und sich dadurch zum Schauen der geistigen Welt zu erheben. Man lernt geistig das Universum erkennen. Man lernt geistig sein eigenes, ewiges Wesen kennen. Und lernt man diese beiden Seiten kennen an sich selber, lernt man erkennen, wie auf der einen Seite der Mensch ist zwischen Geburt und Tod, wenn sein Seelisches verborgen ist unter den leiblichen Vorgängen, und lernt man auf der anderen Seite erkennen das geistig-seelische Leben, das wir entfalten, wenn wir außerhalb des Leibes sind vor der Geburt oder nach dem Tode, dann ergeben sich uns auch die Einblicke in unser wahres Ich. Und dann lernen wir erkennen dasjenige, was durch die wiederholten Erdenleben durchgeht. Über dieses wichtige Resultat, dieses wichtige Ergebnis anthroposophischer Forschung, über die wiederholten Erdenleben, werde ich allerdings morgen noch zu sprechen haben.

Sie sehen, es handelt sich bei dem übersinnlichen Erkenntnispfade, bei dem anthroposophischen Forschungswege darum, dass man zuerst durch imaginative Erkenntnis hineingelangt in die Bildekräftewelt, dass man dasjenige Übersinnliche von uns erkennt, das schon im gewöhnlichen physischen Leben, aber auf übersinnliche Art, in uns ist, den Bildekräfteleib. Dann lernen wir durch das Aufsteigen zu inspirierter Erkenntnis den Astralleib, das heißt Seelenleib kennen, lernen kennen das In-den-Leib-Eintreten und das wiederum Durch-den-Tod-Heraustreten aus dem Leibe, lernen dann auch das menschliche Ich kennen. Man gelangt jetzt in eine konkrete geistige Welt hinein, in eine Welt geistiger Wesenheiten. Denn dasjenige, was man da als geistige Welt, wofür die Organe ausgebildet sind, erkennt mit dem leeren Bewusstsein, das aber doch wach ist, das ist eine Welt, in der geistige Wesenheiten sind neben unserer eigenen Wesenheit, neben unserem eigenen geistig-seelischen Wesen. Man schaut auf diese Art in eine geistige Welt hinein. Und jetzt wird man gewahr: Will man diese geistige Welt erforschen, so muss man diese drei Stufen übersinnlicher Erkenntnis entwickeln, muss herausholen aus der Seele die imaginative Erkenntnis, die inspirierte Erkenntnis, die intuitive Erkenntnis. Sie legen sich auseinander, sie gliedern sich in Stufen, wenn man den Kosmos in seinem geistigen Inhalt in sich selber als geistige Wesenheit kennen lernen will.

Eine Spur von einem Eindruck hat man schon erhalten, wenn man die sittliche Welt in ihrer eigentlichen Wesenheit durchforscht. Da kommt man im Grunde genommen dazu, wenn auch nur für die sittlichen Impulse, in derselben Welt zu sein, wo man sonst ist, wenn man die imaginative, die inspirierte, die intuitive Welt vor sich hat. Nur ist sie gewissermaßen so vorhanden für das Moralische, dass eben nur zunächst die moralischen Impulse

darinnen sind. Die findet man aber, wenn man durchgegangen ist durch Imagination und Inspiration zur Intuition. Aber es ist uns Menschen auf der Erde eben gegeben, dass einzig diese Welt, die Welt des Moralischen, die wir brauchen für das Erdenleben, uns schon für das gewöhnliche Bewusstsein in ihrer übersinnlichen Natur vor dem Geistesauge stehen kann. Und wer versteht das wirkliche Vorhandensein der übersinnlichen Natur des Moralischen, der kann, wenn er nur richtig ausbildet das, was er hier auf elementare Art kennen lernt als Kosmologie und Anthropologie, aufrücken zu einer wirklichen Geisteinsicht in die Welt, so dass ihm die geistigen Gestaltungen, dann das geistige Innenleben anderer Geistwesen und dann das Verwobensein mit der geistigen Welt, wie wir hier mit den anderen Reichen verwoben sind, entgegentreten, und dass ihm auch sein eigenes ewiges Seelenwesen wirklich vor das Seelenauge tritt. Das ist dasjenige, was man an der »Philosophie der Freiheit«, wenn man sie nicht bloß theoretisch studiert, sondern wirklich erlebt, kennen lernen kann. Das ist ebenso, wie wenn man die Axiome des Euklid liest auf der ersten Seite eines Geometriebuches und einen Begriff bekommt, was da kommen wird. Wie dann die ganze Geometrie folgt aus diesen Axiomen, so ist, wie axiomatisch, in der wirklichen Einsicht in die sittliche Welt vorhanden ihrer Wesenheit nach die ganze geistige Welt. Aber es darf deshalb niemand glauben, dass er die Natur der geistigen Welt kennt, wenn er nur die Natur der moralischen Impulse kennt. Er kennt nur das Axiomatische, das Elementare.

Was in dieser Weise als Forschungsmethode geschildert wird für die übersinnlichen Welten, das ist allerdings heute für die meisten Menschen etwas Befremdendes. Allein derjenige, der eben drinnensteht in diesen Dingen, der sagt sich: Wie viel gibt es in unserem heutigen Geistesleben, was zunächst als befremdend aufgetreten und dann ein Selbstverständliches geworden ist. Man braucht nur die Geistesgeschichte der Menschheit wirklich zu kennen, und man wird sich sagen können: Heute sehen die meisten Menschen dasjenige, was so gesagt werden muss, als etwas Absurdes, Lächerliches als etwas komisch Anmutendes an. Später wird eine Zeit kommen, wo es selbstverständlich gefunden wird, gerade so, wie das kopernikanische Weltsystem zuerst kurios genommen worden ist, dann eine Selbstverständlichkeit geworden ist. Das aber wird man doch empfinden – und Empfindungen sind gerade das Wichtigste, was aus dem Leben der anthroposophischen Weltanschauung hervorgehen soll –, dass diese Anthroposophie wahrhaftig nicht in Opposition auftreten will gegenüber dem, was berechtigte Naturwissenschaft oder sonstige Wissenschaft in der Gegenwart ist. Denn was will sie im Grunde genommen sein? Diese Frage dürfte gerade aus dem, was ich heute auseinandergesetzt habe über die Forschungsmethoden dieser Anthroposophie, hervorgehen: Was will sie denn sein, diese Anthroposophie, auch in Bezug auf die anderen Wissenschaften, wie in Bezug auf das universelle menschliche Leben? Was will sie denn sein?

Nun, wenn wir einen Menschen vor uns haben, sehen wir seine äußere Gesichtsbildung, sehen seine Physiognomie, seinen Gang, seine Bewegungen, seine Gesten. Wir können uns nicht zufrieden geben, wenn wir einfach konstatieren: So ist sein Gang, sein Gesicht und so weiter. Wir sehen das als äußere Physiognomie an, aber wir haben erst ein vollständiges Miterleben mit diesem Menschen, wenn wir zu diesem Äußerlichen hinzufügen das Miterleben mit seinem Seelisch-Geistigen, seiner Seele, wenn wir durch die äußere Gestalt und die äußeren Bewegungen die Seele sehen. So haben wir aber auch, wenn wir die Dinge richtig verstehen, in der äußeren Wissenschaft dasjenige gegeben, was uns die äußere Physiognomie der Natur und des Menschenwesens beschreibt. Ebenso wenig, wie man leugnet, dass der Mensch auch seiner äußeren Gestalt nach angeschaut werden muss durch die Sinne, wenn man seine Seele miterleben will, ebenso wenig leugnet man, dass durch die äußere Wissenschaft die äußere Physiognomie der Natur und des Menschenwesens erklärt, beschrieben, erfasst werden muss, wenn man geltend macht, dass hinter alledem etwas ist, was wie die Seele der Natur, die Seele des Kosmos anzusehen ist.

Und darum handelt es sich, dass ebenso, wie ein vernünftiger Mensch, der die Seele des Menschen anerkennt, auch seinen Leib, seine äußere Gestaltung, seine Physiognomie nicht negiert, der vernünftige Anthroposoph die äußere Wissenschaft nicht negiert. Im Gegenteil. Er will voll darinnenstehen. Er möchte nur, dass ebenso, wie der totale Mensch in seinem physischen Leibe die Seele trägt, auch die äußere Wissenschaft Seele habe für die Weiterentwickelung der Menschheit. Ja, er behauptet, dass sie Seele braucht. Und Anthroposophie möchte nicht eine Opponentin des heutigen Wissenschaftsgeistes sein, sondern möchte werden die Seele dieses Wissenschaftsbetriebes in der Zukunft.

2 Als eine Forderung der Zeit

Als sich mir die Notwendigkeit einer anthroposophischen Geisteswissenschaft ergab, war es auf der einen Seite die Meinung, dass gerade der gegenwärtige Wissenschaftsgeist sich hinentwickeln müsse zu einer Erfassung des übersinnlichen Lebens aus der Wissenschaft heraus, und es war dann zweitens dasjenige, was zu gewinnen war aus einer lebendigen Auffassung der Goetheschen Weltanschauung, das verbunden wurde mit diesem wissenschaftlichen Streben selbst. Diese Entwickelung habe ich für die Anthroposophie gesucht seit den achtziger Jahren des vorigen Jahrhunderts. Wenn man heute Ansichten über Anthroposophie hört, die mehr an der Oberfläche geschöpft werden, so lauten diese ja oftmals so, als ob aus dem Chaos, das sich für das

Geistesleben der ganzen zivilisierten Welt ja doch schon während und nach der Kriegskatastrophe ergeben hat, wie ein dunkles, mystisches Wollen auch diese Anthroposophie hervorgegangen wäre. Das ist eben durchaus nicht der Fall. Diese Anthroposophie arbeitete in ernster Weise, wie wohl gesagt werden darf, schon jahrzehntelang und ist aus ganz anderen Voraussetzungen hervorgegangen.

Aber wie gesagt, nachdem sie einmal da ist, kann gefragt werden: Kommt sie einem Bedürfnis, einer Sehnsucht im Geistesleben unserer Zeit entgegen? – Um diese Frage zu beantworten, wird man wohl hinschauen müssen auf den besonderen Charakter, auf die tieferen Eigentümlichkeiten des Geisteslebens unseres Zeitalters. Da wird man, wie ich glaube, zunächst einen Zug finden, der ganz besonders charakteristisch ist. Gewiss, wenn man so etwas ausspricht, kann einem jemand zahlreiche Ausnahmen entgegenhalten. Sie sollen auch gar nicht in Abrede gestellt werden. Allein, dasjenige, was ich charakterisieren möchte, das ist der allgemeine Zug im Leben der Menschen dieses Zeitalters.

Müssen wir uns in der Gegenwart nicht sagen, wenn wir ein wenig älter geworden sind, dass wir zumeist ohne Freudigkeit, ohne enthusiastische Hingebung an die Aufgaben des Lebens gerade heute herantreten? Das scheint eine pessimistische Ansicht zu sein, will es aber nicht sein. Sie will nur einfach mit offenen Augen anschauen, was doch eben ein durchgreifender Zug im Leben der gegenwärtigen Menschen ist. Wir wachsen heran, werden unterrichtet, werden durch das Leben wohl auch weiter gebracht. Wenn wir dann den eigenen Berufsaufgaben, wenn wir den Leiden und auch sogar den Freuden des Lebens gegenüberstehen, so wissen wir uns nicht mit unserer vollen Menschlichkeit heute in die Lage der Welt hineinzufinden. Und aus diesem Zug heraus wird sich gerade für unser Zeitalter ein wichtigstes Betrachtungsgebiet ergeben, das sogleich charakteristisch hinweist auf die tiefsten Eigentümlichkeiten unserer Zeit. Wenn wir im späteren Leben heute als Menschen stehen, so können wir nicht mehr hinblicken in der Rückschau, in der Erinnerung auf unsere Jugend, auf unsere Kindheit, wie doch einmal der Mensch auf diese Jugend, auf diese Kindheit hingeblickt hat. Derjenige, der eine gewisse innerliche Geschichtsforschung getrieben hat, der kann das durchaus sagen. Wenn wir in unsere Kindheit, in unsere Jugend zurückblicken, so steigt uns aus dieser Kindheit, aus dieser Jugend nicht dasjenige herauf, was uns mit Freudigkeit, mit Enthusiasmus, mit Initiative erfüllt, was uns Kraft gibt aus einer Zeit, die wir äußerlich zwar verloren haben, die aber innerlich in uns sein könnte als uns innerlich befeuernd, uns innerlich erkraftend. Es ist zwar radikal ausgesprochen, aber es ist in einem gewissen Sinne doch der Fall: Wir haben als erwachsene Menschen unseres Zeitalters zum großen Teil unsere Jugend, unsere Kindheit verloren. Und das zeigt sich ja insbesondere darin, dass wir auch, wenn wir jetzt mehr den Blick auf das soziale Leben werfen, als erwachsene Menschen uns so schwer mit der Jugend verständigen können. Es ist ein allgemeiner Zug wiederum unseres Zeitalters, dass in der Jugend ein gärendes Streben ist, dass aber diese Jugend im weiten Felde zu der Anschauung kommt, das Alter könne ihr nicht mehr dasjenige sein, wonach ihr Herz, wonach ihre Seele verlangt. Eine tiefe Kluft ist in unserem Zeitalter eingetreten – mancher gesteht sich das nicht, aber es ist doch so – zwischen der Jugend und der erwachsenen Generation. Gerade diese Kluft weist aber darauf hin, dass der Mensch, der aus seiner vollen, kindlichen Jugendmenschlichkeit, möchte man sagen, dasjenige sich mit in die Welt heute bringt, was er eben, mag er nun welchen Ursprungs immer sein, doch mitbringt durch die Geburt in dieses physische Dasein –, dass der Mensch nicht findet, was er von dem Leben fordert kraft des Ewigen, das mit ihm geboren wird. Gerade dadurch, dass der jugendliche Mensch das nicht findet

24

in dem Geistesleben, in dem Leben überhaupt, gerade dadurch offenbart sich, was unserer Gegenwart so stark fehlt. Jugendbewegung, das ist ja ein geflügeltes Wort heute geworden. Und Jugendbewegung, sie offenbart sich insbesondere auch bei derjenigen Jugend, welche hineinwächst in die geistigen Berufe; welche hineinwächst in ein Leben, durch das der Mensch führend werden soll für die geistigen, auch für die sozialen, für die moralischen, für die künstlerischen, für die religiösen Bedürfnisse seines Zeitalters.

3 Nicht Opposition, sondern Erkenntnisvertiefung

Und wenn wir uns nun fragen: Warum befriedigt so wenig dasjenige, was an Geistesleben da ist, den heranwachsenden Menschen? –, dann wird uns diese Frage vielleicht, wenn auch nicht voll beantwortet, so doch wenigstens beleuchtet dadurch, dass wir auf die verschiedenen Zweige unseres Geisteslebens heute hinschauen: Innerhalb des Horizontes, der sich uns da darbietet auf wissenschaftlichem, auf künstlerischem, auf sittlichem, auf sozialem, auf religiösem Gebiet, finden wir, dass, wenn ich mich so ausdrücken darf, diese einzelnen Zweige des Lebens, die der Mensch doch braucht, wenn er zu einer vollen Persönlichkeit werden soll, sich selbst nicht mehr verstehen, und dass sie daher im Menschen, in der menschlichen Persönlichkeit, einander widerstreiten.

Derjenige wäre ein Tor, der heute sich auflehnen wollte gegen dasjenige, was der Wissenschaftsgeist der letzten Jahrhunderte, insbesondere seit der Mitte des 15. Jahrhunderts, in der Gesamtentwickelung der Menschheit heraufgebracht hat. Und Anthroposophie darf durchaus nicht so aufgefaßt werden, als ob sie nur in irgendeiner Beziehung in eine Oppositionsstellung sich begeben möchte gegen diesen Wissenschaftsgeist unseres Zeitalters. Dieser Geist hat heraufgebracht im wissenschaftlichen Forschen selber eine ungeheure Gewissenhaftigkeit und Exaktheit der Methoden. Ich möchte sagen, dasjenige ist die erste Frage geworden für diesen Wissenschaftsgeist: Wie kann man Sicherheit, wie kann man Gewissheit im Wahrheitsforschen erlangen? – Nach Sicherheit, nach Gewissheit im Wahrheitsforschen drängt dieser Wissenschaftsgeist der Gegenwart. Und Ungeheures ist, nun nicht nur für die Erkenntnis, sondern auch für das praktische Leben, namentlich in Bezug auf die technischen Gebiete unseres Zeitalters, geleistet worden. Und dennoch, wenn wir uns fragen: Befriedigt dieser Wissenschaftsgeist gerade den drängenden Jugendsinn, wächst die heutige Jugend in diesen Wissenschaftsgeist so hinein, dass sie fühlt, da ist etwas, was ihr entgegenströmt für ihre volle Menschlichkeit? –, wir können diese Frage nicht bejahen. Wird sie bejaht, dann ist es deshalb, weil man sich leeren Illusionen hingibt oder weil man einen Nebel vor das geistige Auge breiten will. Denn dieser Wissenschaftsgeist steht in merkwürdigem Konflikt mit anderen Gebieten des Lebens.

Da sehen wir zunächst das künstlerische Gebiet. Indem man den Wissenschaftsgeist ausgebildet hat mit seinen exakten Methoden, seinem streng geschulten Denken, fühlen die Künstler, fühlen diejenigen, welche künstlerisch das Leben verfolgen wollen, welche künstlerisch genießen wollen, dass sie eigentlich das Künstlerische fernhalten müssen von diesem Wissenschaftsgeist. Wir hören es heute überall, dass dasjenige, was die Kunst gestalten, was die Kunst bilden will, aus ganz anderen menschlichen Quellen herkommen müsse als dasjenige, was auf eine gewisse, intellektualistisch beobachtende Art die Wissenschaft ergründet. Und wenn jemand hereintragen will den heutigen Wissenschaftsgeist in das künstlerische Schaffen, dann hat man das Gefühl, dass er dieses künstlerische Schaffen verdirbt, dass der Wissenschaftsgeist in der Kunst nichts zu suchen habe, dass die Wissenschaft die Wahrheit auf eine Weise erforscht, die nicht übertragen werden darf auf das Künstlerische ...

Allein in der Tiefe der menschlichen Seele ist etwas, was nach Einheit, nach Harmonie der einzelnen Seelenbetätigungen hinstrebt. Und während auf der einen Seite Logik die Scheidung vollzieht zwischen Wissenschaft und Kunst, verlangt etwas in uns nach Ausgleich, nach Harmonisierung der wissenschaftlichen Wahrheiten auf der einen Seite, der künstlerischen Wahrheiten auf der anderen Seite. Es fordert in uns etwas ganz tief seelisch, dass dasjenige, was wir als Wahrheit auf wissenschaftliche Weise aus Natur und Mensch herausholen, auch die Kraft habe, in uns künstlerische Initiative zu erzeugen, ohne dass wir in stroherne Allegorien oder abstrakte Symbolismen verfallen. Es ist in den Tiefen der Seele durchaus das Bedürfnis vorhanden, das Wissen, das die Wissenschaft ergründet, nicht leblos zu lassen, sondern es so zu beleben, dass wirklich hinüberströmen kann von dieser wissenschaftlichen Erkenntnis etwas in die Kunst, wie Goethe sich bewusst war, dass für ihn die reifsten Früchte seines künstlerischen Schaffens aus seiner Auffassung der Wissenschaft herübergeströmt sind.

Die große Frage, nicht genau formuliert, aber tief empfunden, sie tönt uns entgegen aus den Sehnsüchten unseres Zeitalters, die tiefe Frage: Wie können wir zu der Wissenschaft, die vor allen Dingen Gewissheit gesucht hat, auch wiederum ein solches Vertrauen gewinnen, dass wir durch sie eindringen in die Wahrheitsgebiete, die uns im künstlerischen Gestalten, im künstlerischen Bilden entgegentreten? Und das ist eine der allertiefsten Fragen für die gegenwärtige Menschheit.

Der Mensch in seiner Viergestalt

Anthroposophie (von griechisch: Anthropos, Mensch; Sophia, Weisheit) beginnt beim Menschen, indem sie nicht nur Weisheit des bzw. vom Menschen vermitteln will. Es geht ihrem Schöpfer darüber hinaus um die Erweckung eines klaren Bewusstseins vom Wesen des Menschen in seiner Beziehung zur gesamten Wirklichkeit.

Im Verlauf seiner eigenen Erkenntnisentwicklung hat Rudolf Steiner verschiedene, einander ergänzende Bilder vom Menschen entworfen. In seinem Buch mit dem ominösen Titel »Die Geheimwissenschaft im Umriss« (1910) legt er einen solchen Entwurf vor. Er dient der Anschauung von der verborgenen, d.h. übersinnlichen Gestalt der Wirklichkeit. Das ist bereits mit dem Inhalt dessen angedeutet, was das Wort »geheim« besagt. Jedenfalls handelt es sich nicht um ein geheimnistuerisches Vorgehen, sondern um die Besprechung der schon erwähnten Mehrdimensionalität des Menschen und seines Bewusstseins. Dem Leser wird eine Gedankenanstrengung zugemutet, die darauf zielt, in sich selbst Vorstellungsbilder aufzubauen und auf diese Weise zu Einsichten über das Wesen des Menschen, über sich selbst und über die Welt zu gewinnen.

Traditionellerweise spricht man von Leib, Seele und Geist. Dieses trichotomische, das heißt dreigliedrige Menschenbild ergänzt Steiner hier durch ein viergestaltiges, indem er das Prinzip des Lebens bzw. des Lebendigen einfügt. Die Ausgangsbasis aber stellt der physische Leib dar, der im Sinne Goethes »ein offenbares Geheimnis«, nach

Novalis »ein in Geheimniszustand versetztes Inneres« verkörpert. Es handelt sich einerseits um das Offenbare, d.h. das der gewöhnlichen Sinnesbeobachtung Zugängliche, andererseits um ein Verborgenes (4). Deutlich wird dies, wenn man dem Körper, dessen lebloser Zustand als Leichnam bezeichnet wird, als von dem Strom des Lebens durchdrungen vorstellt. Steiner verwendet den Ausdruck des »Ätherleibes« bzw. des von Bildekräften durchpulsten Lebensleibs(5). Während beispielsweise der Kristall nur über einen physischen Leib verfügt, ist die Pflanze bereits ein lebendiger Organismus mit den uns bekannten Eigenschaften des Wachsens, Blühens, Reifens, der Vermehrung und schließlich des Absterbens. Auf der Ebene des Tiers, das je nach Art und Organbildung bestimmter Empfindungen fähig ist, das in der Regel Lust und Unlust, Schmerz erlebt, kommt der Astral- oder Seelenleib zur Geltung (6). Erlebnisfähig erwacht die Natur gleichsam. Aber erst der Mensch, der über den physischen Leib des Minerals, über den Lebensleib der Pflanze und über den in differenzierter Weise arbeitenden Seelenleib des Tiers verfügt, ist mit einem besonderen Wesensglied, dem »Ich«, ausgestattet (7). Es bedarf einer übersinnlichen Beobachtungsfähigkeit, um den Charakter und die Reichweite der menschlichen Seelenhaftigkeit auszumachen (8).

Im weiteren Verlauf seiner Darstellung macht Steiner deutlich, inwiefern die Eigenart und Reifungsmöglichkeit der menschlichen Seele näher betrachtet werden können. Es ist eben ein großer Unterschied, ob es sich lediglich um die Empfindungsseele handelt, ob sie den bloßen Wahrnehmungs- oder Empfindungsbereich zur Verstandesseele hin verlässt oder ob sie in Gestalt der Bewusstseinsseele zur vollen Selbstwahrnehmung des Ich gelangt (9). Auf dieser Ebene kommt es zur Manifestation des Geistes. Das Ich, das nicht etwa mit der Summe egoistischer Strebungen verwechselt werden darf, tritt nunmehr erst voll ins helle Bewusstsein (10).

Charakteristisch ist schließlich, dass das Steinersche Menschenbild dynamische, auf Verwandlung und Reife ausgerichtete Züge trägt. Es ist dem Menschen aufgetragen, nicht nur in der äußeren

Welt tätig zu sein, etwa im Sinne des biblischen Schöpfungsauftrags Verantwortung für die Erde zu übernehmen. Der Mensch selbst ist einer Wandlung fähig und bedürftig. Und wiewohl Anthroposophie keine religiösen Ziele verfolgt, hebt Steiner in unserem Zusammenhang die Bedeutung und Wirkmacht des religiösen Lebens eigens hervor. Es bestimmt nicht nur die Gedankenwelt oder die Bereiche der Gemütsbildung. Vielmehr wirkt das Religiöse, ähnlich wie die künstlerische Betätigung in tiefere Schichten der Person hinein (11) und bringt einen Prozess der Wandlung in Gang (12).

4 Der physische Leib – ein offenbares Geheimnis

Bei der Betrachtung des Menschen vom Gesichtspunkte einer übersinnlichen Erkenntnisart tritt sogleich in Kraft, was von dieser Erkenntnisart im Allgemeinen gilt. Diese Betrachtung beruht auf der Anerkennung des »offenbaren Geheimnisses« in der eigenen menschlichen Wesenheit. Den Sinnen und dem auf sie gestützten Verstande ist nur ein Teil von dem zugänglich, was in übersinnlicher Erkenntnis als menschliche Wesenheit erfasst wird, nämlich der *physische Leib*. Um den Begriff von diesem physischen Leib zu beleuchten, muss zunächst die Aufmerksamkeit auf die Erscheinung gelenkt werden, die wie das große Rätsel über alle Beobachtung des Lebens ausgebreitet liegt: auf den Tod und, im Zusammenhang damit, auf die so genannte leblose Natur, auf das Reich des Mineralischen, das stets den Tod in sich trägt. Es ist damit auf Tatsachen hingewiesen, deren volle Aufklärung nur durch übersinnliche Erkenntnis möglich ist und denen ein wichtiger Teil dieser Schrift gewidmet werden muss. Hier aber sollen vorerst nur einige Vorstellungen zur Orientierung angeregt werden.

Innerhalb der offenbaren Welt ist der physische Menschenleib dasjenige, worinnen der Mensch der mineralischen Welt gleich ist. Dagegen kann nicht als physischer Leib das gelten, was den Menschen vom Mineral unterscheidet. Für eine unbefangene Betrachtung ist vor allem die Tatsache wichtig, dass der Tod dasjenige von der menschlichen Wesenheit bloßlegt, was, wenn der Tod eingetreten ist, mit der mineralischen Welt gleicher Art ist. Man kann auf den Leichnam als auf das vom Menschen hinweisen, was nach dem Tode Vorgängen unterworfen ist, die sich im Reiche der mineralischen Welt finden. Man kann die Tatsache betonen, dass in diesem Gliede der Menschenwesenheit, dem Leichnam, dieselben Stoffe und Kräfte wirksam sind wie im mineralischen Gebiet; aber nötig ist, nicht minder stark zu betonen, dass mit dem Tode für diesen physischen Leib der Zerfall eintritt. Berechtigt ist aber auch, zu sagen: gewiss, es sind im physischen Menschenleibe dieselben Stoffe und Kräfte wirksam wie im Mineral; aber ihre Wirksamkeit ist während des Lebens in einen höheren Dienst gestellt. Sie wirken erst der mineralischen Welt gleich, wenn der Tod eingetreten ist. Da treten sie auf, wie sie ihrer eigenen Wesenheit gemäß auftreten müssen, nämlich als Auflöser der physischen Leibesgestaltung.

So ist im Menschen scharf zu scheiden das Offenbare von dem Verborgenen. Denn während des Lebens muss ein Verborgenes einen fortwährenden Kampf führen gegen die Stoffe und Kräfte des Mineralischen im physischen Leibe. Hört dieser Kampf auf, so tritt die mineralische Wirksamkeit auf. – Damit ist auf den Punkt hingewiesen, an dem die Wissenschaft vom Übersinnlichen einsetzen muss. Sie hat dasjenige zu suchen, was den angedeuteten Kampf führt. Und dies eben ist für die Beobachtung der Sinne verborgen. Es ist erst der übersinnlichen Beobachtung zugänglich. Wie der Mensch dazu gelangt, dass ihm dieses »Verborgene« so offenbar werde, wie es den gewöhnlichen Augen die sinnlichen Erscheinungen sind, davon wird in einem späteren Teile dieser Schrift gesprochen werden. Hier aber soll beschrieben werden, was sich der übersinnlichen Beobachtung ergibt.

5 Der Lebensleib durchwirkt den Körper

Es ist schon gesagt worden: nur dann können die Mitteilungen über den Weg, auf dem man zum höheren Schauen gelangt, dem Menschen von Wert sein, wenn er sich zuerst durch die bloße Erzählung bekannt gemacht hat mit dem, was die übersinnliche Forschung enthüllt. Denn *begreifen* kann man eben auch das auf diesem Gebiete, was man noch nicht *beobachtet*. Ja es ist der gute Weg zum Schauen derjenige, welcher vom Begreifen ausgeht.

Wenn nun auch jenes Verborgene, das in dem physischen Leibe den Kampf gegen den Zerfall führt, nur für das höhere Schauen zu beobachten ist: in seinen *Wirkungen* liegt es für die auf das Offenbare sich beschränkende Urteilskraft klar zutage. Und diese Wirkungen drücken sich in der *Form* oder Gestalt aus, in welcher während des Lebens die mineralischen Stoffe und Kräfte des physischen Leibes zusammengefügt sind. Diese Form entschwindet nach und nach, und der physische Leib wird ein Teil der übrigen mineralischen Welt, wenn der Tod eingetreten ist. Die übersinnliche Anschauung aber kann dasjenige als selbständiges Glied der menschlichen Wesenheit beobachten, was die physischen Stoffe und Kräfte während des Lebens hindert, ihre eigenen Wege zu gehen, welche zur Auflösung des physischen Leibes führen. Es sei dieses selbständige Glied der »Ätherleib« oder »Lebensleib« genannt. – Wenn sich nicht sogleich, von Anfang an, Missverständnisse einschleichen sollen, so muss gegenüber diesen Bezeichnungen eines zweiten Gliedes der menschlichen Wesenheit zweierlei berücksichtigt werden. Das Wort »Äther« wird hier in einem andern Sinne gebraucht, als dies von der gegenwärtigen Physik geschieht. Diese bezeichnet zum Beispiel den Träger des Lichtes als Äther. Hier soll aber das Wort in dem Sinne begrenzt werden, der oben angegeben worden ist. Es soll angewendet werden für dasjenige, was dem höheren Schauen zugänglich ist und was sich für die Sinnesbeobachtung nur in seinen Wirkungen zu erkennen gibt, nämlich dadurch, dass es den im physischen Leibe vorhandenen mineralischen Stoffen und Kräften eine bestimmte Form oder Gestalt zu geben vermag. Und auch das Wort »Leib« soll nicht missverstanden werden. Man muss zur Bezeichnung der höheren Dinge des Daseins eben doch die Worte der gewöhnlichen Sprache gebrauchen. Und diese drücken ja für die Sinnesbeobachtung nur das Sinnliche aus. Im sinnlichen Sinne ist natürlich der »Ätherleib« durchaus nichts Leibliches, wie fein man sich ein solches auch vorstellen mag*.

Indem man in der Darstellung des Übersinnlichen bis zur Erwähnung dieses »Ätherleibes« oder »Lebensleibes« gelangt, ist schon der Punkt erreicht, an dem solcher Darstellung der Widerspruch mancher gegenwärtigen Ansicht begegnen muss. Die Entwickelung des Menschengeistes hat dahin geführt, dass in unserer Zeit das Sprechen von einem solchen Gliede der menschlichen Wesenheit als etwas Unwissenschaftliches angesehen werden muss. Die materialistische Vorstellungsart ist dazu gelangt, in dem lebendigen Leibe nichts anderes zu sehen als eine Zusammenfügung von physischen Stoffen und Kräften, wie sie sich in dem so genannten leblosen Körper, in dem Mineral, auch findet. Nur sei die Zusammenfügung in dem Lebendigen kom-

---

* Dass mit der Bezeichnung »Ätherleib«, »Lebensleib« nicht einfach die Anschauung von der alten, naturwissenschaftlich überwundenen »Lebenskraft« erneuert werden soll, darüber hat sich der Verfasser dieses Buches in seiner »Theosophie« ausgesprochen.

plizierter als in dem Leblosen. Man hat auch in der gewöhnlichen Wissenschaft vor nicht allzu langer Zeit noch andere Ansichten gehabt. Wer die Schriften manchen ernsten Wissenschaftlers aus der ersten Hälfte des neunzehnten Jahrhunderts verfolgt, dem wird klar, wie da auch »echte Naturforscher« sich bewusst waren, dass in dem lebendigen Leibe noch etwas anderes vorhanden ist als in dem leblosen Mineral. Man sprach von einer »Lebenskraft«. Zwar wird diese »Lebenskraft« nicht als das vorgestellt, was oben als »Lebensleib« gekennzeichnet ist; aber der betreffenden Vorstellung liegt doch eine Ahnung davon zugrunde, dass es dergleichen gibt. Man stellte sich diese »Lebenskraft« etwa so vor, wie wenn sie in dem lebendigen Leibe zu den physischen Stoffen und Kräften hinzukäme auf ähnliche Art, wie die magnetische Kraft zu dem bloßen Eisen in dem Magneten. Dann kam die Zeit, in welcher diese »Lebenskraft« aus dem Bestande der Wissenschaft entfernt wurde. Man wollte für alles mit den bloßen physischen und chemischen Ursachen ausreichen. Gegenwärtig ist in dieser Beziehung bei manchem naturwissenschaftlichen Denker wieder ein Rückschlag eingetreten. Es wird von mancher Seite zugegeben, dass die Annahme von etwas der »Lebenskraft« Ähnlichem doch kein völliger Unsinn sei. Doch wird auch derjenige »Wissenschafter«, der sich zu solchem herbeilässt, mit der hier dargestellten Anschauung in Bezug auf den »Lebensleib« nicht gemeinsame Sache machen wollen. Es wird in der Regel zu keinem Ziele führen, wenn man sich vom Gesichtspunkte übersinnlicher Erkenntnis mit solchen Ansichten in eine Diskussion einlässt. Es sollte vielmehr die Sache dieser Erkenntnis sein, anzuerkennen, dass die materialistische Vorstellungsart eine notwendige Begleiterscheinung des großen naturwissenschaftlichen Fortschrittes in unserer Zeit ist. Dieser Fortschritt beruht auf einer gewaltigen Verfeinerung der Mittel zur Sinnesbeobachtung. Und es liegt einmal im Wesen des Menschen, dass er innerhalb der Entwickelung jeweilig einzelne

Fähigkeiten auf Kosten anderer zu einem gewissen Vollkommenheitsgrade bringt. Die genaue Sinnesbeobachtung, die sich in einem so bedeutungsvollen Maße durch die Naturwissenschaft entwickelt hat, muste die Pflege derjenigen menschlichen Fähigkeiten in den Hintergrund treten lassen, welche in die »verborgenen Welten« führen. Aber eine Zeit ist wieder da, in welcher diese Pflege notwendig ist. Und das Verborgene wird nicht dadurch anerkannt, dass man die Urteile bekämpft, welche aus dem Ableugnen dieses Verborgenen ja doch mit logischer Folgerichtigkeit sich ergeben, sondern dadurch, dass man dieses Verborgene selbst in das richtige Licht setzt. Anerkennen werden es dann diejenigen, für welche die »Zeit gekommen ist«.

Es musste dies hier nur gesagt werden, damit man nicht Unbekanntschaft mit den Gesichtspunkten der Naturwissenschaft voraussetzt, wenn von einem »Ätherleib« gesprochen wird, der doch in manchen Kreisen für etwas völlig Phantastisches gelten muss.

Dieser Ätherleib ist also ein zweites Glied der menschlichen Wesenheit. Ihm kommt für das übersinnliche Erkennen ein höherer Grad von Wirklichkeit zu als dem physischen Leibe. Eine Beschreibung, wie ihn das übersinnliche Erkennen sieht, kann erst in den folgenden Teilen dieser Schrift gegeben werden, wenn hervortreten wird, in welchem Sinne solche Beschreibungen zu nehmen sind. Vorläufig mag es genügen, wenn gesagt wird, dass der Ätherleib den physischen Körper überall durchsetzt und dass er wie eine Art Architekt des Letzteren anzusehen ist. Alle Organe werden in ihrer Form und Gestalt durch die Strömungen und Bewegungen des Ätherleibes gehalten. Dem physischen Herzen liegt ein »Ätherherz« zugrunde, dem physischen Gehirn ein »Äthergehirn« usw. Es ist eben der Ätherleib in sich gegliedert wie der physische, nur komplizierter, und es ist in ihm alles in lebendigem Durcheinanderfließen, wo im physischen Leibe abgesonderte Teile vorhanden sind.

Diesen Ätherleib hat nun der Mensch so mit dem Pflanzlichen gemein, wie er den physischen Leib mit dem Mineralischen gemein hat. Alles Lebendige hat seinen Ätherleib.

6 Vom Seelenleib durchleuchtet

Von dem Ätherleib steigt die übersinnliche Betrachtung auf zu einem weiteren Gliede der menschlichen Wesenheit. Sie deutet zur Bildung einer Vorstellung von diesem Gliede auf die Erscheinung des Schlafes hin, wie sie beim Ätherleib auf den Tod hingewiesen hat. – Alles menschliche Schaffen beruht auf der Tätigkeit im Wachen, so weit das Offenbare in Betracht kommt. Diese Tätigkeit ist aber nur möglich, wenn der Mensch die Erstarkung seiner erschöpften Kräfte sich immer wieder aus dem Schlafe holt. Handeln und Denken schwinden dahin im Schlafe, aller Schmerz, alle Lust versinken für das bewusste Leben. Wie aus verborgenen, geheimnisvollen Brunnen steigen beim Erwachen des Menschen bewusste Kräfte aus der Bewusstlosigkeit des Schlafes auf. Es ist dasselbe Bewusstsein, das beim Einschlafen hinuntersinkt in die dunklen Tiefen und das beim Aufwachen wieder heraufsteigt. Dasjenige, was das Leben immer wieder aus dem Zustand der Bewusstlosigkeit erweckt, ist im Sinne übersinnlicher Erkenntnis das dritte Glied der menschlichen Wesenheit. Man kann es den *Astralleib* nennen. Wie der physische Leib nicht durch die in ihm befindlichen mineralischen Stoffe und Kräfte seine Form erhalten kann, sondern wie er, um dieser Erhaltung willen, von dem Ätherleib durchsetzt sein muss, so können die Kräfte des Ätherleibes sich nicht durch sich selbst mit dem Lichte des Bewusstseins durchleuchten. Ein Ätherleib, der bloß sich selbst überlassen wäre, müsste sich fortdauernd in dem Zustande des Schlafes befinden. Man kann auch sagen: er könnte in dem physischen Leibe nur ein Pflanzensein unterhalten. Ein wachender Ätherleib ist von einem Astralleib durchleuchtet. Für die Sinnesbeobachtung verschwindet die Wirkung dieses Astralleibes, wenn der Mensch in Schlaf versinkt. Für die übersinnliche Beobachtung bleibt er noch vorhanden; nur erscheint er von dem Ätherleib getrennt oder aus ihm herausgehoben. Die Sinnesbeobachtung hat es eben nicht mit dem Astralleib selbst zu tun, sondern nur mit seinen Wirkungen in dem Offenbaren. Und solche sind während des Schlafes nicht unmittelbar vorhanden. In demselben Sinne, wie der Mensch seinen physischen Leib mit den Mineralien, seinen Ätherleib mit den Pflanzen gemein hat, ist er in Bezug auf seinen Astralleib gleicher Art mit den Tieren. Die Pflanzen sind in einem fortdauernden Schlafzustande. Wer in diesen Dingen nicht genau urteilt, der kann leicht in den Irrtum verfallen, auch den Pflanzen eine Art von Bewusstsein zuzuschreiben, wie es die Tiere und Menschen im Wachzustande haben. Das kann aber nur dann geschehen, wenn man sich von dem Bewusstsein eine ungenaue Vorstellung macht. Man sagt dann, wenn auf die Pflanze ein äußerer Reiz ausgeübt wird, dann vollziehe sie gewisse Bewegungen wie das Tier auch. Man spricht von der *Empfindlichkeit* mancher Pflanzen, welche zum Beispiel ihre Blätter zusammenziehen, wenn gewisse äußere Dinge auf sie einwirken. Doch ist es nicht das Bezeichnende des Bewusstseins, dass ein Wesen auf eine Wirkung eine gewisse Gegenwirkung zeigt, sondern dass das Wesen in seinem Innern etwas erlebt, was zu der bloßen Gegenwirkung als ein Neues hinzukommt. Sonst könnte man auch von Bewusstsein sprechen, wenn sich ein Stück Eisen unter dem Einflusse von Wärme ausdehnt. Bewusstsein ist erst vorhanden, wenn das Wesen durch die Wirkung der Wärme zum Beispiel innerlich Schmerz erlebt.

7 Das Ich als Wesensmitte

Das vierte Glied seiner Wesenheit, welches die übersinnliche Erkenntnis dem Menschen zuschreiben muss, hat er nun nicht mehr gemein mit der ihn umgebenden Welt des Offenbaren. Es ist sein Unterscheidendes gegenüber seinen Mitwesen, dasjenige, wodurch er die Krone der zunächst zu ihm gehörigen Schöpfung ist. Die übersinnliche Erkenntnis bildet eine Vorstellung von diesem weiteren Gliede der menschlichen Wesenheit, indem sie darauf hinweist, dass auch innerhalb der wachen Erlebnisse noch ein wesentlicher Unterschied besteht. Dieser Unterschied tritt sofort hervor, wenn der Mensch seine Aufmerksamkeit darauf lenkt, dass er im wachen Zustande einerseits fortwährend in der Mitte von Erlebnissen steht, die kommen und gehen *müssen*, und dass er andererseits auch Erlebnisse hat, bei denen dies nicht der Fall ist. Es tritt das besonders scharf hervor, wenn man die Erlebnisse des Menschen mit denen des Tieres vergleicht. Das Tier erlebt mit großer Regelmäßigkeit die Einflüsse der äußeren Welt und wird sich unter dem Einflusse der Wärme und Kälte, des Schmerzes und der Lust, unter gewissen regelmäßig ablaufenden Vorgängen seines Leibes des Hungers und Durstes bewusst. Des Menschen Leben ist mit solchen Erlebnissen nicht erschöpft. Er kann Begierden, Wünsche entwickeln, die über das alles hinausgehen. Beim Tier würde man immer nachweisen können, wenn man weit genug zu gehen vermöchte, wo außer dem Leibe oder in dem Leibe die Veranlassung zu einer Handlung, zu einer Empfindung ist. Beim Menschen ist das keineswegs der Fall. Er kann Wünsche und Begierden erzeugen, zu deren Entstehung die Veranlassung weder innerhalb noch außerhalb seines Leibes hinreichend ist. Allem, was in dieses Gebiet fällt, muss man eine besondere Quelle geben. Und diese Quelle kann man im Sinne der übersinnlichen Wissenschaft im »Ich« des Menschen sehen. Das »Ich« kann daher als das vierte Glied der menschlichen Wesenheit angesprochen werden. – Wäre der Astralleib sich selbst überlassen, es würden sich Lust und Schmerz, Hunger- und Durstgefühle in ihm abspielen; was aber dann nicht zustande käme, ist die Empfindung: es sei ein *Bleibendes* in alle dem. Nicht das Bleibende als solches wird hier als »Ich« bezeichnet, sondern dasjenige, welches dieses Bleibende erlebt. Man muss auf diesem Gebiete die Begriffe ganz scharf fassen, wenn nicht Missverständnisse entstehen sollen. Mit dem Gewahrwerden eines Dauernden, Bleibenden im Wechsel der inneren Erlebnisse beginnt das Aufdämmern des »Ichgefühles«. Nicht dass ein Wesen zum Beispiel Hunger empfindet, kann ihm ein Ichgefühl geben. Der Hunger stellt sich ein, wenn die erneuerten Veranlassungen zu ihm sich bei dem betreffenden Wesen geltend machen. Es fällt dann über seine Nahrung her, weil eben diese erneuerten Veranlassungen da sind. Das Ichgefühl tritt erst ein, wenn nicht nur diese erneuerten Veranlassungen zu der Nahrung hintreiben, sondern wenn bei einer vorhergehenden Sättigung eine Lust entstanden ist und das Bewusstsein dieser Lust geblieben ist, so dass nicht nur das *gegenwärtige* Erlebnis des Hungers, sondern das *vergangene* der Lust zu dem Nahrungsmittel treibt. – Wie der physische Leib zerfällt, wenn ihn nicht der Ätherleib zusammenhält; wie der Ätherleib in die Bewusstlosigkeit versinkt, wenn ihn nicht der Astralleib durchleuchtet, so müsste der Astralleib das Vergangene immer wieder in die *Vergessenheit* sinken lassen, wenn dieses nicht vom »Ich« in die Gegenwart herübergerettet würde. Was für den physischen Leib der Tod, für den Ätherleib der Schlaf, das ist für den Astralleib das *Vergessen*. Man kann auch sagen: dem Ätherleib sei das *Leben* eigen, dem Astralleib das *Bewusstsein* und dem Ich die *Erinnerung*.

8 Wirkung übersinnlicher Beobachtung

Noch leichter als in den Irrtum, der Pflanze Bewusstsein zuzuschreiben, kann man in denjenigen verfallen, bei dem Tiere von Erinnerung zu sprechen. Es liegt so nahe, an Erinnerung zu denken, wenn der Hund seinen Herrn wiedererkennt, den er vielleicht ziemlich lange nicht gesehen hat. Doch in Wahrheit beruht solches Wiedererkennen gar nicht auf Erinnerung, sondern auf etwas völlig anderem. Der Hund empfindet eine gewisse Anziehung zu seinem Herrn. Diese geht aus von der Wesenheit des Letzteren. Diese Wesenheit bereitet dem Hunde Lust, wenn der Herr für ihn gegenwärtig ist. Und jedesmal, wenn diese Gegenwart des Herrn eintritt, ist sie die Veranlassung zu einer Erneuerung der Lust. Erinnerung ist aber nur dann vorhanden, wenn ein Wesen nicht bloß mit seinen Erlebnissen in der Gegenwart empfindet, sondern wenn es diejenigen der Vergangenheit bewahrt. Man könnte sogar dieses zugeben und dennoch in den Irrtum verfallen, der Hund habe Erinnerung. Man könnte nämlich sagen: er trauert, wenn sein Herr ihn verlässt, also bleibt ihm die Erinnerung an denselben. Auch das ist ein unrichtiges Urteil. Durch das Zusammenleben mit dem Herrn wird für den Hund dessen Gegenwart Bedürfnis, und er empfindet dadurch die Abwesenheit in ähnlicher Art, wie er den Hunger empfindet. Wer solche Unterscheidungen nicht macht, wird nicht zur Klarheit über die wahren Verhältnisse des Lebens kommen.

Aus gewissen Vorurteilen heraus wird man gegen diese Darstellung einwenden, dass man doch nicht wissen könne, ob beim Tiere etwas der menschlichen Erinnerung Ähnliches vorhanden sei oder nicht. Solcher Einwand beruht aber auf einer ungeschulten Beobachtung. Wer wirklich sinngemäß beobachten kann, wie sich das Tier im Zusammenhange seiner Erlebnisse verhält, der bemerkt den Unterschied dieses Verhaltens von dem des Menschen. Und er wird sich klar, dass das Tier sich so verhält, wie es dem Nichtvorhandensein der Erinnerung entspricht. Für die übersinnliche Beobachtung ist das ohne weiteres klar. Doch, was dieser übersinnlichen Beobachtung unmittelbar zum Bewusstsein kommt, das kann *an seinen Wirkungen* auf diesem Gebiete auch von der sinnlichen Wahrnehmung und deren denkender Durchdringung erkannt werden. Wenn man sagt, der Mensch wisse von *seiner* Erinnerung durch innere Seelenbeobachtung, die er doch beim Tiere nicht anstellen könne, so liegt einer solchen Behauptung ein verhängnisvoller Irrtum zugrunde. Was sich der Mensch über seine Erinnerungsfähigkeit zu sagen hat, das kann er nämlich gar nicht einer inneren Seelenbeobachtung entnehmen, sondern allein dem, was er mit sich in dem Verhalten zu den Dingen und Vorgängen der Außenwelt erlebt. Diese Erlebnisse macht er *mit sich* und mit einem andern Menschen und auch mit den Tieren auf die ganz gleiche Weise. Es ist nur ein Schein, der den Menschen blendet, wenn er glaubt, er *beurteile* das Vorhandensein der Erinnerung nur an der inneren Beobachtung. Was der Erinnerung als Kraft zugrunde liegt, mag innerlich genannt werden; das *Urteil* über diese Kraft wird auch für die eigene Person durch den Blick auf den Zusammenhang des Lebens an der Außenwelt erworben. Und diesen Zusammenhang kann man wie bei sich auch bei dem Tiere beurteilen. In Bezug auf solche Dinge leidet unsere gebräuchliche Psychologie an ihren ganz ungeschulten, ungenauen, im hohen Maße durch Beobachtungsfehler täuschenden Vorstellungen.

9 Von der Empfindungsseele zur Bewusstseinsseele

Für das »Ich« bedeuten Erinnerung und Vergessen etwas durchaus Ähnliches wie für den Astralleib Wachen und Schlaf. Wie der Schlaf die Sorgen und Bekümmernisse des Tages in ein Nichts verschwinden lässt, so breitet Vergessen einen Schleier über die schlimmen Erfahrungen des Lebens und löscht dadurch einen Teil der Vergangenheit aus. Und wie der Schlaf notwendig ist, damit die erschöpften Lebenskräfte neu gestärkt werden, so muss der Mensch gewisse Teile seiner Vergangenheit aus der Erinnerung vertilgen, wenn er neuen Erlebnissen frei und unbefangen gegenüberstehen soll. Aber gerade aus dem Vergessen erwächst ihm Stärkung für die Wahrnehmung des Neuen. Man denke an Tatsachen wie das Lernen des Schreibens. Alle Einzelheiten, welche das Kind zu durchleben hat, um schreiben zu lernen, werden vergessen. Was bleibt, ist die Fähigkeit des Schreibens. Wie würde der Mensch schreiben, wenn beim jedesmaligen Ansetzen der Feder alle die Erlebnisse in der Seele als Erinnerung aufstiegen, welche beim Schreibenlernen durchgemacht werden mussten.

Nun tritt die Erinnerung in verschiedenen Stufen auf. Schon das ist die einfachste Form der Erinnerung, wenn der Mensch einen Gegenstand wahrnimmt und er dann nach dem Abwenden von dem Gegenstande die *Vorstellung* von ihm wieder erwecken kann. Diese Vorstellung hat der Mensch sich gebildet, während er den Gegenstand wahrgenommen hat. Es hat sich da ein Vorgang abgespielt zwischen seinem astralischen Leibe und seinem Ich. Der Astralleib hat den äußeren Eindruck von dem Gegenstande bewusst gemacht. Doch würde das Wissen von dem Gegenstande nur so lange dauern, als dieser *gegenwärtig* ist, wenn das Ich nicht das Wissen in sich aufnehmen und zu seinem Besitztume machen würde. – Hier an diesem Punkte scheidet die übersinnliche Anschauung das Leibliche von dem Seelischen. Man spricht vom *Astralleibe*, solange man die Entstehung des Wissens von einem gegenwärtigen Gegenstande im Auge hat. Dasjenige aber, was dem Wissen Dauer gibt, bezeichnet man als *Seele*. Man sieht aber zugleich aus dem Gesagten, wie eng verbunden im Menschen der Astralleib mit dem Teile der Seele ist, welcher dem Wissen Dauer verleiht. Beide sind gewissermaßen zu einem Gliede der menschlichen Wesenheit vereinigt. Deshalb kann man auch diese Vereinigung als Astralleib bezeichnen. Auch kann man, wenn man eine genaue Bezeichnung will, von dem Astralleib des Menschen als dem *Seelenleib* sprechen, und von der Seele, insofern sie mit diesem vereinigt ist, als der *Empfindungsseele*.

Das Ich steigt zu einer höheren Stufe seiner Wesenheit, wenn es seine Tätigkeit auf das richtet, was es aus dem Wissen der Gegenstände zu seinem Besitztum gemacht hat. Dies ist die Tätigkeit, durch welche sich das Ich von den Gegenständen der Wahrnehmung immer mehr loslöst, um in seinem eigenen Besitze zu arbeiten. Den Teil der Seele, dem dieses zukommt, kann man als *Verstandes-* oder *Gemütsseele* bezeichnen. – Sowohl der Empfindungsseele wie der Verstandesseele ist es eigen, dass sie mit dem arbeiten, was sie durch die Eindrücke der von den Sinnen wahrgenommenen Gegenstände erhalten und davon in der Erinnerung bewahren. Die Seele ist da ganz hingegeben an das, was für sie ein Äußeres ist. Auch dies hat sie ja von außen empfangen, was sie durch die Erinnerung zu ihrem eigenen Besitz macht. Sie kann aber über all das hinausgehen. Sie ist nicht allein Empfindungs- und Verstandesseele. Die übersinnliche Anschauung vermag am leichtesten eine Vorstellung von diesem Hinausgehen zu bilden, wenn sie auf eine einfache Tatsache hinweist, die nur in ihrer umfassenden Bedeutung gewürdigt werden muss. Es ist diejenige, dass es im ganzen Umfange der Sprache einen einzigen Namen gibt, der seiner Wesenheit nach sich von allen andern Namen unterscheidet. Dies ist eben der Name »Ich«. Jeden andern Namen kann dem Dinge oder Wesen, denen er zukommt, *jeder* Mensch geben. Das »Ich« als Bezeichnung für ein Wesen hat nur dann einen Sinn, wenn dieses Wesen sich diese Bezeichnung selbst beilegt. Niemals kann von außen an eines Menschen Ohr der Name »Ich« als seine Bezeichnung dringen; nur das Wesen selbst kann ihn auf sich anwenden. »Ich bin ein Ich nur für mich; für jeden andern bin ich ein Du; und jeder andere ist für mich ein Du.« Diese Tatsache ist der äußere Ausdruck einer tief bedeutsamen Wahrheit. Das eigentliche Wesen des »Ich« ist von allem Äußeren unabhängig; *deshalb* kann ihm sein Name auch von keinem Äußeren zugerufen werden. Jene religiösen Bekenntnisse, welche mit Bewusstsein ihren Zusammenhang mit der übersinnlichen Anschauung aufrechterhalten haben, nennen daher die Bezeichnung »Ich« den »unaussprechlichen Namen Gottes«. Denn gerade auf das Angedeutete wird gewiesen, wenn dieser Ausdruck gebraucht wird. Kein Äußeres hat Zugang zu jenem Teile der menschlichen Seele, der hiermit ins Auge gefasst ist. Hier ist das »verborgene Heiligtum« der Seele. Nur ein Wesen kann da Einlass gewinnen, mit dem die Seele gleicher Art ist. »Der Gott, der im Menschen wohnt, spricht, wenn die Seele sich als Ich erkennt.« Wie die Empfindungsseele und die Verstandesseele in der äußeren Welt leben, so taucht ein drittes Glied der Seele in das Göttliche ein, wenn diese zur Wahrnehmung ihrer eigenen Wesenheit gelangt.

Leicht kann demgegenüber das Missverständnis entstehen, als ob solche Anschauungen das Ich mit Gott für *Eins* erklärten. Aber sie sagen durchaus nicht, dass das Ich Gott sei, sondern nur, dass es mit dem Göttlichen von einerlei Art und Wesenheit ist. Behauptet denn jemand, der Tropfen Wasser, der dem Meere entnommen ist, sei das Meer, wenn er sagt: der Tropfen sei derselben Wesenheit oder Substanz wie das Meer? Will man durchaus einen Vergleich gebrauchen, so kann man sagen: wie der Tropfen sich zu dem Meere verhält, so verhält sich das »Ich« zum Göttlichen. Der Mensch kann in sich ein Göttliches finden, weil sein ureigenstes Wesen dem Göttlichen entnommen ist. So also erlangt der Mensch durch dieses sein drittes Seelenglied, ein inneres Wissen von sich selbst, wie er durch den Astralleib ein Wissen von der Außenwelt erhält. Deshalb kann die Geheimwissenschaft dieses dritte Seelenglied auch die *Bewusstseinsseele* nennen. Und in ihrem Sinne besteht das Seelische aus drei Gliedern: der Empfindungsseele, Verstandesseele und Bewusstseinsseele, wie das Leibliche aus drei Gliedern besteht, dem physischen Leib, dem Ätherleib und dem Astralleib.

Psychologische Beobachtungsfehler, ähnlich denjenigen, die schon für die Beurteilung der Erinnerungsfähigkeit besprochen worden sind, machen auch die rechte Einsicht in die Wesenheit des »Ich« schwierig. Man kann manches, das man glaubt einzusehen, für eine Widerlegung des oben in dieser Beziehung Ausgeführten halten, während es in Wahrheit eine Bestätigung darstellt. Solches ist der Fall, zum Beispiel, mit den Bemerkungen, die *Eduard von Hartmann* auf Seite 55 f. seines »Grundrisses der Psychologie«* über das »Ich« abgibt: »Zunächst ist das Selbstbewusstsein älter als das Wort Ich. Die persönlichen Fürwörter sind ein ziemlich spätes Produkt der Sprachentwickelung und haben für die Sprache nur den Wert von Abkürzungen. Das Wort Ich ist ein kürzerer Ersatz für den Eigennamen des Redenden, aber ein Ersatz, den jeder Redende als solcher von sich braucht, gleichviel mit welchem Eigennamen die anderen ihn benennen. Das Selbstbewusstsein kann sich bei Tieren und bei ununterrichteten taubstummen Menschen sehr hoch entwickeln, selbst ohne an einen Eigennamen anzuknüpfen. Das Bewusstsein des Eigennamens kann vollständig den fehlenden Gebrauch des Ich ersetzen. Mit dieser Einsicht ist der magische Nimbus beseitigt, mit

* System der Philosophie im Grundriß. Band III. Bad Sachsa 1908.

dem für viele das Wörtchen Ich umkleidet ist; es kann dem Begriff des Selbstbewusstseins nicht das mindeste hinzusetzen, sondern empfängt seinen ganzen Inhalt lediglich von diesem.« Man kann mit solchen Ansichten ganz einverstanden sein; auch damit, dass dem Wörtchen Ich kein magischer Nimbus verliehen werde, der die besonnene Anschauung über die Sache nur trübt. Aber für das Wesen einer *Sache* entscheidet nicht, wie allmählich die *Wortbezeichnung* für diese Sache herbeigeführt wird. Eben darauf kommt es an, dass die wirkliche Wesenheit des Ich im Selbstbewusstsein »älter ist als das Wort Ich«. Und dass der Mensch genötigt ist, *dieses* mit seinen nur ihm zukommenden Eigenheiten behaftete Wörtchen für das zu gebrauchen, was er im Wechselverhältnis zur Außenwelt anders erlebt, als es das Tier erleben kann. So wenig irgendetwas über die Wesenheit des Dreiecks erkannt werden kann dadurch, dass man zeigt, wie das »Wort« Dreieck sich gebildet hat, so wenig entscheidet über die Wesenheit des Ich, was man wissen kann darüber, wie aus anderem Wortgebrauch der des Ich in der *Sprachentwickelung* sich gestaltet hat.

10 Manifestation des Geistes

In der Bewusstseinsseele enthüllt sich erst die wirkliche Natur des »Ich«. Denn während sich die Seele in Empfindung und Verstand an anderes verliert, ergreift sie als Bewusstseinsseele ihre eigene Wesenheit. Daher kann dieses »Ich« durch die Bewusstseinsseele auch nicht anders als durch eine gewisse innere Tätigkeit wahrgenommen werden. Die Vorstellungen von äußeren Gegenständen werden gebildet, so wie diese Gegenstände kommen und gehen; und diese Vorstellungen arbeiten im Verstande weiter durch ihre eigene Kraft. Soll aber das »Ich« sich selbst wahrnehmen, so kann es nicht bloß sich *hingeben*; es muss durch innere Tätigkeit seine Wesenheit aus den eigenen Tiefen erst heraufholen, um ein Bewusstsein davon zu haben. Mit der Wahrnehmung des »Ich« – mit der *Selbstbesinnung* – beginnt eine innere Tätigkeit des »Ich«. Durch diese Tätigkeit hat die Wahrnehmung des Ich in der Bewusstseinsseele für den Menschen eine ganz andere Bedeutung als die Beobachtung alles dessen, was durch die drei Leibesglieder und durch die beiden andern Glieder der Seele an ihn herandringt. Die Kraft, welche in der Bewusstseinsseele das Ich offenbar macht, ist ja dieselbe wie diejenige, welche sich in aller übrigen Welt kundgibt. Nur tritt sie in dem Leibe und in den niederen Seelengliedern nicht unmittelbar hervor, sondern offenbart sich stufenweise in ihren Wirkungen. Die unterste Offenbarung ist diejenige durch den physischen Leib; dann geht es stufenweise hinauf bis zu dem, was die Verstandesseele erfüllt. Man könnte sagen, mit dem Hinansteigen über jede Stufe fällt einer der Schleier, mit denen das Verborgene umhüllt ist. In dem, was die Bewusstseinsseele erfüllt, tritt dieses Verborgene hüllenlos in den innersten Seelentempel. Doch zeigt es sich da eben nur wie ein Tropfen aus dem Meere der alles durchdringenden Geistigkeit. Aber der Mensch muss diese Geistigkeit hier zunächst ergreifen. Er muss sie in sich selbst erkennen; dann kann er sie auch in ihren Offenbarungen finden.

Was da wie ein Tropfen hereindringt in die Bewusstseinsseele, das nennt die Geheimwissenschaft den *Geist*. So ist die Bewusstseinsseele mit dem Geiste verbunden, der das *Verborgene* in allem Offenbaren ist. Wenn der Mensch nun den Geist in aller Offenbarung ergreifen will, so muss er dies auf dieselbe Art tun, wie er das Ich in der Bewusstseinsseele ergreift. Er muss die Tätigkeit, welche ihn zum Wahrnehmen dieses Ich geführt hat, auf die offenbare Welt hinwenden. Dadurch aber entwickelt er sich zu höheren Stufen seiner Wesenheit. Er setzt den Leibes- und

Seelengliedern Neues an. Das nächste ist, dass er dasjenige auch noch selbst erobert, was in den niederen Gliedern seiner Seele verborgen liegt. Und dies geschieht durch seine vom Ich ausgehende Arbeit an seiner Seele. Wie der Mensch in dieser Arbeit begriffen ist, das wird anschaulich, wenn man einen Menschen, der noch ganz niederem Begehren und so genannter sinnlicher Lust hingegeben ist, vergleicht mit einem edlen Idealisten. Der Letztere wird aus dem Ersteren, wenn jener sich von gewissen niederen Neigungen abzieht und höheren zuwendet. Er hat dadurch *vom Ich aus* veredelnd, vergeistigend auf seine Seele gewirkt. Das Ich ist Herr geworden innerhalb des Seelenlebens. Das kann so weit gehen, dass in der Seele keine Begierde, keine Lust Platz greift, ohne dass das Ich die Gewalt ist, welche den Einlass ermöglicht. Auf diese Art wird dann die ganze Seele eine Offenbarung des Ich, wie es vorher nur die Bewusstseinsseele war. Im Grunde besteht alles Kulturleben und alles geistige Streben der Menschen aus einer Arbeit, welche diese Herrschaft des Ich zum Ziele hat. *Jeder* gegenwärtig lebende Mensch ist in dieser Arbeit begriffen: er mag wollen oder nicht, er mag von dieser Tatsache ein Bewusstsein haben oder nicht.

Durch diese Arbeit aber geht es zu höheren Stufen der Menschenwesenheit hinan. Der Mensch entwickelt durch sie neue Glieder seiner Wesenheit. Diese liegen als Verborgenes hinter dem für ihn Offenbaren. Es kann sich der Mensch aber nicht nur durch die Arbeit an seiner Seele vom Ich aus zum Herrscher über diese Seele machen, so dass diese aus dem Offenbaren das Verborgene hervortreibt, sondern er kann diese Arbeit auch erweitern. Er kann übergreifen auf den Astralleib. Dadurch bemächtigt sich das Ich dieses Astralleibes, indem es sich mit dessen verborgener Wesenheit vereinigt. Dieser durch das Ich eroberte, von ihm umgewandelte Astralleib kann das *Geistselbst* genannt werden. (Es ist dies dasselbe, was man in Anlehnung an die morgenländische Weisheit »Manas« nennt.) In dem Geistselbst ist ein höheres Glied der Menschenwesenheit gegeben, ein solches, das in ihr gleichsam keimhaft vorhanden ist und das im Laufe ihrer Arbeit an sich selbst immer mehr herauskommt.

Wie der Mensch seinen Astralleib erobert dadurch, dass er zu den verborgenen Kräften, die hinter ihm stehen, vordringt, so geschieht das im Laufe der Entwickelung auch mit dem Ätherleibe. Die Arbeit an diesem Ätherleibe ist aber eine intensivere als die am Astralleibe; denn was sich in dem Ersteren verbirgt, das ist in zwei, das Verborgene des Astralleibes jedoch nur in einen Schleier gehüllt. Man kann sich einen Begriff von dem Unterschiede in der Arbeit an den beiden Leibern bilden, indem man auf gewisse Veränderungen hinweist, die mit dem Menschen im Verlaufe seiner Entwickelung eintreten können. Man denke zunächst, wie gewisse Seeleneigenschaften des Menschen sich entwickeln, wenn das Ich an der Seele arbeitet. Wie Lust und Begierden, Freude und Schmerz sich ändern können. Der Mensch braucht da nur zurückzudenken an die Zeit seiner Kindheit. Woran hat er da seine Freude gehabt; was hat ihm Leid verursacht? Was hat er zu dem hinzugelernt, was er in der Kindheit gekonnt hat? Alles das aber ist nur ein Ausdruck davon, wie das Ich die Herrschaft erlangt hat über den Astralleib. Denn dieser ist ja der Träger von Lust und Leid, von Freude und Schmerz. Und man vergleiche damit, wie wenig sich im Laufe der Zeit gewisse andere Eigenschaften des Menschen ändern, zum Beispiel sein Temperament, die tieferen Eigentümlichkeiten seines Charakters usw. Ein Mensch, der als Kind jähzornig ist, wird gewisse Seiten des Jähzorns auch für seine Entwickelung in das spätere Leben hinein oft beibehalten. Die Sache ist so auffallend, dass es Denker gibt, welche die Möglichkeit ganz in Abrede stellen, dass der Grundcharakter eines Menschen sich ändern könne. Sie nehmen an, dass dieser etwas durch das Leben hindurch Bleibendes sei, welches sich nur nach dieser oder jener Seite offenbare. Ein solches Urteil beruht aber nur auf einem

Mangel in der Beobachtung. Wer den Sinn dafür hat, solche Dinge zu sehen, dem wird klar, dass sich auch Charakter und Temperament des Menschen unter dem Einflusse seines Ich ändern. Allerdings ist diese Änderung im Verhältnis zur Änderung der vorhin gekennzeichneten Eigenschaften eine langsame. Man kann den Vergleich gebrauchen, dass das Verhältnis der beiderlei Änderungen ist wie das Vorrücken des Stundenzeigers der Uhr im Verhältnis zum Minutenzeiger. Nun gehören die Kräfte, welche diese Änderung von Charakter oder Temperament bewirken, dem verborgenen Gebiet des Ätherleibes an. Sie sind gleicher Art mit den Kräften, welche im Reiche des Lebens herrschen, also mit den Wachstums-, Ernährungskräften und denjenigen, welche der Fortpflanzung dienen. Auf diese Dinge wird durch die weiteren Ausführungen dieser Schrift das rechte Licht fallen.

11 Impulse des religiösen Lebens

Also nicht, wenn sich der Mensch bloß hingibt an Lust und Leid, an Freude und Schmerz, arbeitet das Ich am Astralleib, sondern wenn sich die Eigentümlichkeiten dieser Seeleneigenschaften ändern. Und ebenso erstreckt sich die Arbeit auf den Ätherleib, wenn das Ich seine Tätigkeit an eine Änderung seiner Charaktereigenschaften, seiner Temperamente usw. wendet. Auch an dieser letzteren Änderung arbeitet jeder Mensch: er mag sich dessen bewusst sein oder nicht. Die stärksten Impulse, welche im gewöhnlichen Leben auf diese Änderung hinarbeiten, sind die religiösen. Wenn das Ich die Antriebe, die aus der Religion fließen, immer wieder und wieder auf sich wirken lässt, so bilden diese in ihm eine Macht, welche bis in den Ätherleib hineinwirkt und diesen ebenso wandelt, wie geringere Antriebe des Lebens die Verwandlung des Astralleibes bewirken. Diese geringeren

Antriebe des Lebens, welche durch Lernen, Nachdenken, Veredelung der Gefühle usw. an den Menschen herankommen, unterliegen dem mannigfaltig wechselnden Dasein; die religiösen Empfindungen drücken aber allem Denken, Fühlen und Wollen etwas Einheitliches auf. Sie breiten gleichsam ein gemeinsames, einheitliches Licht über das ganze Seelenleben aus. Der Mensch denkt und fühlt heute dies, morgen jenes. Dazu führen die verschiedensten Veranlassungen. Wer aber durch sein wie immer geartetes religiöses Empfinden etwas ahnt, das sich durch allen Wechsel hindurchzieht, der wird, was er heute denkt und fühlt, ebenso auf diese Grundempfindung beziehen wie die morgigen Erlebnisse seiner Seele. Das religiöse Bekenntnis hat dadurch etwas Durchgreifendes im Seelenleben; seine Einflüsse verstärken sich im Laufe der Zeit immer mehr, weil sie in fortdauernden Wiederholung wirken. Deshalb erlangen sie die Macht, auf den Ätherleib zu wirken. – In ähnlicher Art wirken die Einflüsse der wahren Kunst auf den Menschen. Wenn er durch die äußere Form, durch Farbe und Ton eines Kunstwerkes die geistigen Untergründe desselben mit Vorstellen und Gefühl durchdringt, dann wirken die Impulse, welche dadurch das Ich empfängt, in der Tat auch bis auf den Ätherleib. Wenn man diesen Gedanken zu Ende denkt, so kann man ermessen, welch ungeheure Bedeutung die Kunst für alle menschliche Entwickelung hat. Nur auf einiges ist hiermit hingewiesen, was dem Ich die Antriebe liefert, auf den Ätherleib zu wirken. Es gibt viele dergleichen Einflüsse im Menschenleben, die dem beobachtenden Blick nicht so offen liegen wie die genannten. Aber schon aus diesen ist ersichtlich, dass im Menschen ein weiteres Glied seiner Wesenheit verborgen ist, welches das Ich immer mehr und mehr herausarbeitet. Man kann dieses Glied als das zweite des Geistes, und zwar als den *Lebensgeist* bezeichnen. (Es ist dasselbe, was man mit Anlehnung an die morgenländische Weisheit »Buddhi« nennt.) Der Ausdruck »Lebensgeist« ist deshalb der entsprechende, weil in dem, was er bezeichnet, dieselben Kräfte wirksam sind wie in dem »Lebensleib«; nur ist in diesen Kräften, wenn sie als Lebensleib sich offenbaren, das menschliche Ich nicht tätig. Äußern sie sich aber als Lebensgeist, so sind sie von der Tätigkeit des Ich durchsetzt.

12 Einweihung und Wandlung

Die intellektuelle Entwickelung des Menschen, seine Läuterung und Veredelung von Gefühlen und Willensäußerungen sind das Maß seiner Verwandlung des Astralleibes zum Geistselbst; seine religiösen Erlebnisse und manche anderen Erfahrungen prägen sich dem Ätherleibe ein und machen diesen zum Lebensgeist. Im gewöhnlichen Verlaufe des Lebens geschieht dies mehr oder weniger unbewusst, dagegen besteht die so genannte *Einweihung* des Menschen darin, dass er durch die übersinnliche Erkenntnis auf die Mittel hingewiesen wird, wodurch er diese Arbeit im Geistselbst und Lebensgeist ganz bewusst in die Hand nehmen kann. Von diesen Mitteln wird in späteren Teilen dieser Schrift die Rede sein. Vorläufig handelte es sich darum, zu zeigen, dass im Menschen außer der Seele und dem Leibe auch der Geist wirksam ist. Auch das wird sich später zeigen, wie dieser Geist zum *Ewigen* des Menschen, im Gegensatz zu dem vergänglichen Leibe, gehört.

Mit der Arbeit am Astralleib und am Ätherleib ist aber die Tätigkeit des Ich noch nicht erschöpft. Diese erstreckt sich auch auf den physischen Leib. Einen Anflug von dem Einflusse des Ich auf den physischen Leib kann man sehen, wenn durch gewisse Erlebnisse zum Beispiel Erröten oder Erbleichen eintreten. Hier ist das Ich in der Tat der Veranlasser eines Vorganges im physischen Leib. Wenn nun durch die Tätigkeit des Ich im

Menschen Veränderungen eintreten in Bezug auf seinen Einfluss im physischen Leib, so ist das Ich wirklich vereinigt mit den verborgenen Kräften dieses physischen Leibes. Mit denselben Kräften, welche seine physischen Vorgänge bewirkten. Man kann dann sagen, das Ich arbeitet durch eine solche Tätigkeit am physischen Leibe. Es darf dieser Ausdruck nicht missverstanden werden. Die Meinung darf gar nicht aufkommen, als ob diese Arbeit etwas Grob-Materielles sei. Was am physischen Leibe als das Grob-Materielle erscheint, das ist ja nur das Offenbare an ihm. Hinter diesem Offenbaren liegen die verborgenen Kräfte seines Wesens. Und diese sind geistiger Art. Nicht von einer Arbeit an dem Materiellen, als welches der physische Leib *erscheint*, soll hier gesprochen werden, sondern von der geistigen Arbeit an den unsichtbaren Kräften, welche ihn entstehen lassen und wieder zum Zerfall bringen. Für das gewöhnliche Leben kann dem Menschen diese Arbeit des Ich am physischen Leibe nur mit einer sehr geringen Klarheit zum Bewusstsein kommen. Diese Klarheit kommt im vollen Maße erst, wenn unter dem Einfluss der übersinnlichen Erkenntnis der Mensch die Arbeit bewusst in die Hand nimmt. Dann aber tritt zutage, dass es noch ein drittes geistiges Glied im Menschen gibt. Es ist dasjenige, welches der Geistesmensch im Gegensatze zum physischen Menschen genannt werden kann. (In der morgenländischen Weisheit heißt dieser »Geistesmensch« das »Atma«.)

Man wird in Bezug auf den Geistesmenschen auch dadurch leicht irregeführt, dass man in dem physischen Leibe das niedrigste Glied des Menschen sieht und sich deswegen mit der Vorstellung nur schwer abfindet, dass die Arbeit an diesem physischen Leibe zu dem höchsten Glied in der Menschenwesenheit kommen soll. Aber gerade deswegen, weil der physische Leib den in ihm tätigen Geist unter drei Schleiern verbirgt, gehört die höchste Art von menschlicher Arbeit dazu, um das Ich mit dem zu einigen, was sein verborgener Geist ist.

So stellt sich der Mensch für die Geheimwissenschaft als eine aus verschiedenen Gliedern zusammengesetzte Wesenheit dar. Leiblicher Art sind: der physische Leib, der Ätherleib und der Astralleib. Seelisch sind: Empfindungsseele, Verstandesseele und Bewusstseinsseele. In der Seele breitet das Ich sein Licht aus. Und geistig sind: Geistselbst, Lebensgeist und Geistesmensch. Aus den obigen Ausführungen geht hervor, dass die Empfindungsseele und der Astralleib eng vereinigt sind und in einer gewissen Beziehung ein Ganzes ausmachen. In ähnlicher Art sind Bewusstseinsseele und Geistselbst ein Ganzes. Denn in der Bewusstseinsseele leuchtet der Geist auf und von ihr aus durchstrahlt er die andern Glieder der Menschennatur. Mit Rücksicht darauf kann man auch von der folgenden Gliederung des Menschen sprechen. Man kann Astralleib und Empfindungsseele als ein Glied zusammenfassen, ebenso Bewusstseinsseele und Geistselbst und kann die Verstandesseele, weil sie an der Ich-Natur Teil hat, weil sie in einer gewissen Beziehung schon das »Ich« ist, das sich seiner Geistwesenheit nur noch nicht bewusst ist, als »Ich« schlechtweg bezeichnen und bekommt dann sieben Teile des Menschen: 1. Physischer Leib; 2. Ätherleib oder Lebensleib; 3. Astralleib; 4. Ich; 5. Geistselbst; 6. Lebensgeist; 7. Geistmensch.

Auch für den an materialistische Vorstellungen gewöhnten Menschen würde diese Gliederung des Menschen im Sinne der Siebenzahl nicht das »unklar Zauberhafte« haben, das er ihr oft zuschreibt, wenn er sich genau an den Sinn der obigen Auseinandersetzungen halten würde und nicht von vornherein dieses »Zauberhafte« selbst in die Sache hineinlegen würde. In keiner andern Art, nur vom Gesichtspunkte einer höheren Form der Weltbeobachtung aus, sollte von diesen »sieben« Gliedern des Menschen gesprochen werden, so wie man von den sieben Farben des Lichtes spricht oder von den sieben Tönen der Tonleiter (indem man die Oktave als eine Wiederholung des Grundtones betrachtet). Wie das Licht in sieben Farben, der Ton in sieben Stufen erscheint, so die *einheitliche* Menschennatur in den gekennzeichneten sieben Gliedern. So wenig die Siebenzahl bei Ton und Farbe etwas von »Aberglauben« mit sich führt, so wenig ist das mit Bezug auf sie bei der Gliederung des Menschen der Fall. (Es ist bei einer Gelegenheit, als dies einmal mündlich vorgebracht worden ist, gesagt worden, dass die Sache bei den Farben mit der Siebenzahl doch nicht stimme, da jenseits des »Roten« und des »Violetten« doch auch noch Farben liegen, welche das Auge nur nicht wahrnimmt. Aber auch in Anbetracht dessen stimmt der Vergleich mit den Farben, denn auch jenseits des physischen Leibes auf der einen Seite und jenseits des Geistesmenschen anderseits setzt sich die Wesenheit des Menschen fort; nur sind für die Mittel der geistigen Beobachtung diese Fotsetzungen »geistig unsichtbar«, wie die Farben jenseits von Rot und Violett für das physische Auge unsichtbar sind. Diese Bemerkung musste gemacht werden, weil so leicht die Meinung aufkommt, die übersinnliche Anschauung nehme es mit dem naturwissenschaftlichen Denken nicht genau, sie sei in Bezug auf dasselbe dilettantisch. Wer aber richtig zusieht, was mit dem Gesagten gemeint ist, der kann finden, dass dies in Wahrheit nirgends in einem Widerspruch steht mit der echten Naturwissenschaft; weder wenn naturwissenschaftliche Tatsachen zur Veranschaulichung herangezogen werden, noch auch wenn mit den hier gemachten Äußerungen auf ein unmittelbares Verhältnis zu der Naturforschung gedeutet wird.)

Den Pfad der Erkenntnis beschreiten

Wenn schon eingangs davon gesprochen wurde, dass Anthroposophie in erster Linie als ein »Erkenntnisweg« verstanden werden will – eine Äußerung übrigens, die Steiner in seiner letzten Schaffensperiode formulierte –, so entspricht dieses Wort seiner ursprünglichen Absicht. Noch ehe er an die Spitze der theosophischen Bewegung trat, schrieb er in einem Brief vom 16. August 1902: »Ich will auf die Kraft bauen, die es mir ermöglicht › Geistesschüler‹ auf die Bahn der Entwicklung zu bringen. Das wird meine Inaugurationstat allein bedeuten müssen ...«

Diesem Wort folgte die konsequente Umsetzung. Als er zwei Jahre danach eines seiner ersten Schulungsbücher hinausgehen ließ, nämlich »Theosophie« (1904) mit dem Untertitel »Einführung in übersinnliche Welterkenntnis und Menschenbestimmung«, da fügte er den menschenkundlichen Ausführungen ein abschließendes Kapitel bei. Es trägt die Überschrift: »Der Pfad der Erkenntnis«. Darin sind zwar noch nicht alle wichtigen Inhalte der anthroposophischen Schulung mitgeteilt. Aber es wird deutlich, dass Anthroposophie nicht in der »gläubigen« Anerkennung Steinerscher Lehren besteht. Man erfährt bereits Grundlegendes zur Einübung in ein meditatives Leben.

Kennzeichnend ist der Ausgangspunkt für die Disziplinierung der spirituellen Bemühung. Zwar sind alle seelischen Strebungen einbezogen. Steiner setzt aber nicht etwa beim Gefühl oder beim Willen an, sondern beim Denken und bei der Herstellung eines hellwachen Bewusstseins, das gewisser Steigerungen fähig ist (13). Irgendwelche

Vorurteile, die geeignet sind, neue Eindrücke oder Einsichten erst gar nicht aufkommen zu lassen, sind zu löschen. Vorzubereiten ist eine rückhaltlose Hingabe an die Wahrheit(14). Sie darf nicht mit einem personengebundenen Autoritätsglauben verwechselt werden. Irreführend sind auf dem spirituellen Weg gleicherweise Sympathie und Antipathie, förderlich dagegen Gelassenheit und die Herstellung einer Seelenstimmung, die geeignet ist, eine Sensibilität zu entwickeln. Nicht was wir über Menschen und Dinge denken, welche Gefühle uns dabei beherrschen, ist maßgebend, sondern was diese über sich selbst aussagen (15). So ist auf Gesetzmäßigkeiten des Geistigen zu achten, damit der auf diesem Weg Strebende nicht von seinen Assoziationen oder Emotionen überwältigt oder gegängelt wird (16). Achtsamkeit ist geboten.

Von daher ergibt sich eine Folgerichtigkeit in ethischer Hinsicht. Wo Einsichten gewachsen sind, da gilt es vom Denken zum Tun voranzuschreiten (17). Damit ist der Punkt genannt, wo der Wille einzusetzen hat, wo sich auch das Gefühl und die Empfindung für das Gute, Schöne und Wahre entfalten können. Wichtig ist für den anthroposophischen Weg, dass die erwähnte Klarheit des Bewusstseins gewahrt bleibt. Wenn Steiner in diesem Zusammenhang darauf aufmerksam macht, dass seine hohe Einschätzung eines disziplinierten Denkens nicht mit der Neigung zu lebensfremden Abstraktionen gleichgesetzt werden dürfe, dann weist er gleichzeitig darauf hin, wie alles Irdische, Zeitliche, jede Naturerscheinung transparent werden soll für das jeweils innewohnende Überzeitliche, Ewige. Die Sinne sollen und dürfen angesichts des Übersinnlichen keinesfalls abgestumpft werden (18). Auf dem hier gemeinten Weg der spirituellen Bemühung gibt es vielmehr Stufen, die diesem Ewigen entgegenführen. Das Leben in seiner Vielfalt und Fülle duldet keine Weltflucht und keinen Wirklichkeitsverzicht. Insofern ist der anthroposophische Pfad der Erkenntnis positiv ausgerichtet (19). Er korrespondiert mit der Ausbildung eines Naturbewusstseins, wie dies im Erleben und Gestalten der großen Jahresfeste konkret werden kann (vgl. das abschließende Kapitel).

13 Gedankliche Wachheit

Die Erkenntnis der in diesem Buche gemeinten Geisteswissenschaft kann *jeder* Mensch sich selbst erwerben. Ausführungen von der Art, wie sie in dieser Schrift gegeben werden, liefern ein Gedankenbild der höheren Welten. Und sie sind in einer gewissen Beziehung der *erste Schritt* zur eigenen Anschauung. Denn der Mensch ist ein Gedankenwesen. Und er kann seinen Erkenntnispfad nur finden, wenn er vom Denken ausgeht. Wird seinem Verstande ein Bild der höheren Welten gegeben, so ist dieses für ihn nicht unfruchtbar, auch wenn es vorläufig gleichsam nur eine Erzählung von höheren Tatsachen ist, in die er durch eigene Anschauung noch keinen Einblick hat. Denn die Gedanken, die ihm gegeben werden, stellen selbst eine Kraft dar, welche in seiner Gedankenwelt weiterwirkt. Diese Kraft wird in ihm tätig sein; sie wird schlummernde Anlagen wecken. Wer der Meinung ist, die Hingabe an ein solches Gedankenbild sei überflüssig, der ist im Irrtum. Denn er sieht in dem Gedanken nur das Wesenlose, Abstrakte. Dem Gedanken liegt aber eine lebendige Kraft zugrunde. Und wie er bei demjenigen, der Erkenntnis hat, als ein unmittelbarer Ausdruck vorhanden ist dessen, was im Geiste geschaut wird, so wirkt die Mitteilung dieses Ausdrucks in dem, welchem er mitgeteilt wird, als *Keim*, der die Erkenntnisfrucht aus sich erzeugt. Wer sich behufs höherer Erkenntnis, unter Verschmähung der Gedankenarbeit, an andere Kräfte im Menschen wenden wollte, der berücksichtigt nicht, dass das Denken eben die höchste der Fähigkeiten ist, die der Mensch in der Sinnenwelt besitzt. Wer also fragt: wie gewinne ich selbst die höheren Erkenntnisse der Geisteswissenschaft? – dem ist zu sagen: unterrichte dich zunächst durch die Mitteilungen anderer von solchen Erkenntnissen. Und wenn er erwidert: ich will selbst sehen; ich will nichts wissen von dem, was andere gesehen haben, so ist ihm zu antworten: eben in der Aneignung der

Mitteilungen anderer liegt die erste Stufe zur eigenen Erkenntnis. Man kann dazu sagen: da bin ich ja zunächst zum blinden Glauben gezwungen. Doch es handelt sich ja bei einer Mitteilung nicht um Glauben oder Unglauben, sondern lediglich um eine unbefangene Aufnahme dessen, was man vernimmt. Der wahre Geistesforscher spricht niemals mit der Erwartung, dass ihm blinder Glaube entgegengebracht werde. Er meint immer nur: dies habe ich erlebt in den geistigen Gebieten des Daseins, und ich erzähle von diesen meinen Erlebnissen. Aber er weiß auch, dass die Entgegennahme dieser seiner Erlebnisse und die Durchdringung der Gedanken des andern mit der Erzählung für diesen andern lebendige Kräfte sind, um sich geistig zu entwickeln.

Was hier in Betracht kommt, wird richtig nur derjenige anschauen, der bedenkt, wie alles Wissen von seelischen und geistigen Welten in den Untergründen der menschlichen Seele ruht. Man kann es durch den »Erkenntnispfad« heraufholen. »Einsehen« kann man nicht nur das, was man selbst, sondern auch, was ein anderer aus den Seelengründen heraufgeholt hat. Selbst dann, wenn man selbst noch gar keine Veranstaltungen zum Betreten des Erkenntnispfades gemacht hat. Eine richtige geistige Einsicht erweckt in dem nicht durch Vorurteile getrübten Gemüt die Kraft des Verständnisses. Das unbewusste Wissen schlägt der von andern gefundenen geistigen Tatsache entgegen. Und dieses Entgegenschlagen ist nicht blinder Glaube, sondern rechtes Wirken des gesunden Menschenverstandes. In diesem gesunden Begreifen sollte man einen weit besseren Ausgangsort auch zum Selbsterkennen der Geistwelt sehen als in den zweifelhaften mystischen »Versenkungen« und dergleichen, in denen man oft etwas Besseres zu haben glaubt als in dem, was der gesunde Menschenverstand anerkennen kann, wenn es ihm von echter geistiger Forschung entgegengebracht wird.

Man kann gar nicht stark genug betonen, wie notwendig es ist, dass derjenige die ernste Gedankenarbeit auf sich nehme, der seine höheren Erkenntnisfähigkeiten ausbilden will. Diese Betonung muss umso dringlicher sein, als viele Menschen, welche zum »Seher« werden wollen, diese ernste, entsagungsvolle Gedankenarbeit geradezu gering achten. Sie sagen, das »Denken« kann mir doch nichts helfen; es kommt auf die »Empfindung«, das »Gefühl« oder Ähnliches an. Demgegenüber muss gesagt werden, dass *niemand* im höheren Sinne (das heißt wahrhaft) ein »Seher« werden kann, der nicht vorher sich in das Gedankenleben eingearbeitet hat. Es spielt da bei vielen Personen eine gewisse innere Bequemlichkeit eine missliche Rolle. Sie werden sich dieser Bequemlichkeit nicht bewusst, weil sie sich in eine Verachtung des »abstrakten Denkens«, des »müßigen Spekulierens« und so weiter kleidet. Aber man verkennt eben das Denken, wenn man es mit dem Ausspinnen müßiger, abstrakter Gedankenfolgen verwechselt. Dieses »abstrakte Denken« kann die übersinnliche Erkenntnis leicht ertöten; das lebensvolle Denken kann ihr zur Grundlage werden. Es wäre allerdings viel bequemer, wenn man zu der höheren Sehergabe unter Vermeidung der Gedankenarbeit kommen könnte. Das möchten eben viele. Es ist aber dazu eine innere Festigkeit, eine seelische Sicherheit nötig, zu der nur das Denken führen kann. Sonst kommt doch nur ein wesenloses Hin- und Herflackern in Bildern, ein verwirrendes Seelenspiel zustande, das zwar manchem Lust macht, das aber mit einem wirklichen Eindringen in höhere Welten nichts zu tun hat. – Wenn man ferner bedenkt, welche rein geistigen Erlebnisse in einem Menschen vor sich gehen, der wirklich die höhere Welt betritt, dann wird man auch begreifen, dass die Sache noch eine andere Seite hat. Zum »Seher« gehört absolute *Gesundheit* des Seelenlebens. Es gibt nun keine bessere Pflege dieser Gesundheit als das echte Denken. Ja, es kann diese Gesundheit ernstlich leiden, wenn die Übungen zur höheren Entwickelung nicht auf dem Denken aufgebaut sind. So wahr es ist, dass einen gesund und richtig denkenden Menschen die Sehergabe noch gesunder, noch tüchtiger zum Leben machen wird, als er ohne dieselbe ist, so wahr ist es auch, dass alles Sich-Entwickelnwollen bei einer Scheu vor Gedankenanstrengung, alle Träumerei auf diesem Gebiete, der Phantasterei und auch der falschen Einstellung zum Leben Vorschub leistet. Niemand hat etwas zu fürchten, der unter Beobachtung des hier Gesagten sich zu höherer Erkenntnis entwickeln will; doch sollte es eben nur unter dieser Voraussetzung geschehen. *Diese* Voraussetzung hat nur mit der Seele und dem Geiste des Menschen zu tun; zu reden von einem irgendwie gearteten schädlichen Einfluss auf leibliche Gesundheit ist bei dieser Voraussetzung absurd.

Der unbegründete Unglaube allerdings ist schädlich. Denn er wirkt in dem Empfangenden als eine zurückstoßende Kraft. Er verhindert ihn, die befruchtenden Gedanken aufzunehmen. Kein blinder Glaube, wohl aber die Aufnahme der geisteswissenschaftlichen Gedankenwelt wird bei der Erschließung der höheren Sinne vorausgesetzt. Der Geistesforscher tritt seinem Schüler entgegen mit der Zumutung: *nicht glauben* sollst du, was ich dir sage, sondern es *denken*, es zum Inhalte deiner eigenen Gedankenwelt machen, dann werden meine Gedanken schon selbst in dir bewirken, dass du sie in ihrer Wahrheit erkennst. Dies ist die Gesinnung des Geistesforschers. Er gibt die Anregung; die Kraft des Fürwahrhaltens entspringt aus dem eigenen Innern des Aufnehmenden. Und in diesem Sinne sollten die geisteswissenschaftlichen Anschauungen gesucht werden. Wer die Überwindung hat, sein Denken in diese zu versenken, kann sicher sein, dass in einer kürzeren oder längeren Zeit sie ihn zu eigenem Anschauen führen werden.

14 Unbefangenes Offensein

Schon in dem Gesagten liegt eine erste Eigenschaft angedeutet, die derjenige in sich ausbilden muss, der zu eigener Anschauung höherer Tatsachen kommen will. Es ist die *rückhaltlose, unbefangene Hingabe* an dasjenige, was das Menschenleben oder auch die außermenschliche Welt offenbaren. Wer von vornherein mit dem Urteil, das er aus seinem bisherigen Leben mitbringt, an eine Tatsache der Welt herantritt, der verschließt sich durch solches Urteil gegen die ruhige, allseitige Wirkung, welche diese Tatsache auf ihn ausüben kann. Der Lernende muss in jedem Augenblicke sich zum völlig leeren Gefäß machen können, in das die fremde Welt einfließt. Nur diejenigen Augenblicke sind solche der Erkenntnis, wo jedes Urteil, jede Kritik schweigen, die von uns ausgehen. Es kommt zum Beispiel gar nicht darauf an, wenn wir einem Menschen gegenübertreten, ob wir weiser sind als er. Auch das unverständigste Kind hat dem höchsten Weisen etwas zu offenbaren. Und wenn dieser mit seinem noch so weisen Urteil an das Kind herantritt, so schiebt sich seine Weisheit wie ein trübes Glas vor dasjenige, was das Kind ihm offenbaren soll. Zu dieser Hingabe an die Offenbarungen der fremden Welt gehört völlige innere Selbstlosigkeit. Und wenn sich der Mensch prüft, in welchem Grade er diese Hingabe hat, so wird er erstaunliche Entdeckungen an sich selbst machen. Will einer den Pfad der höheren Erkenntnis betreten, so muss er sich darin üben, sich selbst mit allen seinen Vorurteilen in jedem Augenblicke auslöschen zu können. Solange er sich auslöscht, fließt das andere in ihn hinein. Nur hohe Grade von solch selbstloser Hingabe befähigen zur Aufnahme der höheren geistigen Tatsachen, die den Menschen überall umgeben. Man kann zielbewusst in sich diese Fähigkeit ausbilden. Man versuche zum Beispiel gegenüber Menschen seiner Umgebung sich jedes Urteils zu enthalten. Man erlösche in sich den Maßstab von anziehend

63

und abstoßend, von dumm oder gescheit, den man gewohnt ist anzulegen; und man versuche, ohne diesen Maßstab die Menschen rein aus sich selbst heraus zu verstehen. Die besten Übungen kann man an Menschen machen, vor denen man einen Abscheu hat. Man unterdrücke mit aller Gewalt diesen Abscheu und lasse alles unbefangen auf sich wirken, was sie tun. – Oder wenn man in einer Umgebung ist, welche dies oder jenes Urteil herausfordert, so unterdrücke man das Urteil und setze sich unbefangen den Eindrücken aus.

15 Jenseits von Sympathie und Antipathie

Man lasse die Dinge und Ereignisse mehr *zu sich* sprechen, als dass man über sie spreche. Und man dehne das auch auf seine Gedankenwelt aus. Man unterdrücke *in sich* dasjenige, was diesen oder jenen Gedanken bildet, und lasse lediglich das, was draußen ist, die Gedanken bewirken. – Nur wenn mit heiligstem Ernst und Beharrlichkeit solche Übungen angestellt werden, führen sie zum höheren Erkenntnisziele. Wer solche Übungen unterschätzt, der weiß eben nichts von ihrem Wert. Und wer Erfahrung in solchen Dingen hat, der weiß, dass Hingabe und Unbefangenheit wirkliche Krafterzeuger sind. Wie die Wärme, die man in den Dampfkessel bringt, sich in die fortbewegende Kraft der Lokomotive verwandelt, so verwandeln sich die Übungen der selbstlosen geistigen Hingabe in dem Menschen zur Kraft des Schauens in den geistigen Welten.

Durch diese Übung macht sich der Mensch aufnahmefähig für alles dasjenige, was ihn umgibt. Aber zur Aufnahmefähigkeit muss auch die richtige Schätzung treten. Solange der Mensch noch geneigt ist, sich selbst auf Kosten der ihn umgebenden Welt zu überschätzen, so lange verlegt er sich den Zugang zu höherer

Erkenntnis. Wer einem jeglichen Dinge oder Ereignisse der Welt gegenüber sich der Lust oder dem Schmerze hingibt, die sie *ihm* bereiten, der ist in solcher Überschätzung seiner selbst befangen. Denn an *seiner* Lust und an *seinem* Schmerz erfährt er nichts über die Dinge, sondern nur etwas über sich selbst. Empfinde ich Sympathie für einen Menschen, so empfinde ich zunächst nur *mein* Verhältnis zu ihm. Mache ich mich in meinem Urteil, in meinem Verhalten lediglich von diesem Gefühle der Lust, der Sympathie abhängig, dann stelle ich meine Eigenart in den Vordergrund; ich dränge diese der Welt auf. Ich will mich, so wie ich bin, in die Welt einschalten, aber nicht die Welt unbefangen hinnehmen und sie im Sinne der in ihr wirkenden Kräfte sich ausleben lassen. Mit anderen Worten: ich bin nur duldsam mit dem, was meiner Eigenart entspricht. Gegen alles andere übe ich eine zurückstoßende Kraft. Solange der Mensch in der Sinneswelt befangen ist, wirkt er besonders zurückstoßend gegen alle nicht sinnlichen Einflüsse. Der Lernende muss die Eigenschaft in sich entwickeln, sich den Dingen und Menschen gegenüber in deren Eigenart zu verhalten, ein jegliches in seinem Werte, in seiner Bedeutung gelten zu lassen. Sympathie und Antipathie, Lust und Unlust müssen ganz neue Rollen erhalten. Es kann nicht davon die Rede sein, dass der Mensch diese ausrotten soll, sich stumpf gegenüber Sympathie und Antipathie machen soll. Im Gegenteil, je mehr er in sich die Fähigkeit ausbildet, nicht alsogleich auf jede Sympathie und Antipathie ein Urteil, eine Handlung folgen zu lassen, eine um so feinere Empfindungsfähigkeit wird er in sich ausbilden. Er wird erfahren, dass Sympathien und Antipathien eine höhere Art annehmen, wenn er diejenige Art in sich zügelt, die schon in ihm ist. Verborgene Eigenschaften hat selbst das zunächst unsympathischste Ding; es offenbart sie, wenn der Mensch in seinem Verhalten nicht seinen eigensüchtigen Empfindungen folgt. Wer sich in dieser Richtung ausgebildet hat, der empfindet feiner nach allen Seiten hin als andere, weil er sich nicht von sich selbst zur Unempfänglichkeit verführen lässt. Jede Neigung, der man blindlings folgt, stumpft dafür ab, die Dinge der Umgebung im rechten Licht zu sehen. Wir drängen uns gleichsam, der Neigung folgend, durch die Umgebung hindurch, statt uns ihr auszusetzen und sie in ihrem Werte zu fühlen.

Und wenn der Mensch nicht mehr auf jede Lust und jeden Schmerz, auf jede Sympathie und Antipathie hin seine eigensüchtige Antwort, sein eigensüchtiges Verhalten hat, dann wird er auch unabhängig von den *wechselnden* Eindrücken der Außenwelt. Die Lust, die man an einem Dinge empfindet, macht einen sogleich von diesem abhängig. Man verliert sich an das Ding. Ein Mensch, der je nach den wechselnden Eindrücken sich in Lust und Schmerz verliert, kann nicht den Pfad der geistigen Erkenntnis wandeln. Mit *Gelassenheit* muss er Lust und Schmerz aufnehmen. Dann hört er auf, sich in ihnen zu verlieren; dann fängt er aber dafür an, sie zu verstehen. Eine Lust, der ich mich hingebe, verzehrt mein Dasein in dem Augenblicke der Hingabe. Ich aber soll die Lust nur benutzen, um durch sie zum Verständnisse des Dinges zu kommen, das mir Lust bereitet. Es soll mir nicht darauf ankommen, *dass* das Ding mir Lust bereitet: ich soll die Lust erfahren und durch die Lust das *Wesen* des Dinges.

Die Lust soll für mich nur sein Verkündigung dessen, dass in dem Dinge eine Eigenschaft ist, die sich eignet, Lust zu bereiten. Diese Eigenschaft soll ich erkennen lernen. Bleibe ich bei der Lust stehen, lasse ich mich ganz von ihr einnehmen, so bin ich es nur selbst, der sich auslebt; ist mir die Lust nur die Gelegenheit, eine Eigenschaft des Dinges zu erleben, so mache ich durch dieses Erlebnis mein Inneres reicher. Dem Forschenden müssen Lust und Unlust, Freude und Schmerz *Gelegenheit* sein, durch die er von den Dingen lernt. Der Forschende wird dadurch nicht stumpf gegen Lust und Schmerz; aber er erhebt sich über sie, damit sie ihm die Natur der Dinge offenbaren. Wer nach dieser

Richtung hin sich entwickelt, wird einsehen lernen, welche Lehrmeister Lust und Schmerz sind. Er wird mit jedem Wesen mitempfinden und dadurch die Offenbarung von dessen Innerem empfangen. Der Forschende sagt sich niemals allein: oh, wie leide ich, wie freue ich mich, sondern stets: wie spricht das Leid, wie spricht die Freude. Er gibt sich hin, um Lust und Freude der Außenwelt auf sich einwirken zu lassen. Dadurch entwickelt sich in dem Menschen eine völlig neue Art, sich zu den Dingen zu stellen. Früher ließ der Mensch diese oder jene Handlung auf diesen oder jenen Eindruck nur deshalb folgen, weil die Eindrücke ihn freuten oder ihm Unlust machten. Jetzt aber lässt er Lust und Unlust auch die Organe sein, durch die ihm die Dinge sagen, wie sie, ihrem Wesen nach, selbst sind. Lust und Schmerz werden aus bloßen Gefühlen *in ihm* zu Sinnesorganen, durch welche die Außenwelt wahrgenommen wird. Wie das Auge nicht selbst handelt, wenn es etwas sieht, sondern die Hand handeln lässt, so bewirken Lust und Schmerz in dem geistig Forschenden, insofern er sie als Erkenntnismittel anwendet, nichts, sondern sie empfangen Eindrücke, und das, was durch Lust und Unlust erfahren ist, das bewirkt die Handlung. Wenn der Mensch in der Art Lust und Unlust übt, dass sie Durchgangsorgane werden, so bauen sie ihm in seiner Seele die eigentlichen Organe auf, durch die sich ihm die seelische Welt erschließt. Das Auge kann nur dadurch dem Körper dienen, dass es ein Durchgangsorgan für sinnliche Eindrücke ist; Lust und Schmerz werden zu *Seelenaugen* sich entwickeln, wenn sie aufhören, bloß für sich etwas zu gelten, und anfangen, der eigenen Seele die fremde Seele zu offenbaren.

16 Der Gesetzmäßigkeit des Geistigen folgen

Durch die genannten Eigenschaften setzt sich der Erkennende in die Lage, ohne störende Einflüsse seiner Eigenheiten dasjenige auf sich einwirken zu lassen, was in seiner Umwelt wesenhaft vorhanden ist. Er hat aber auch sich selbst in die geistige Umwelt in richtiger Art einzufügen. Er ist ja als denkendes Wesen Bürger der geistigen Welt. Er kann das nur in rechter Weise sein, wenn er während des Geisterkennens seinen Gedanken einen Ablauf gibt, der den ewigen Gesetzen der Wahrheit, den Gesetzen des Geisterlandes, entspricht. Denn nur so kann dieses Land auf ihn wirken und ihm seine Tatsachen offenbaren. Der Mensch gelangt nicht zur Wahrheit, wenn er sich nur den fortwährend durch sein Ich ziehenden Gedanken überlässt. Denn dann nehmen diese Gedanken einen Verlauf, der ihnen dadurch aufgedrängt wird, dass sie innerhalb der leiblichen Natur zum Dasein kommen. Regellos und wirr nimmt sich die Gedankenwelt eines Menschen aus, der sich der zunächst durch sein leibliches Gehirn bedingten Geistestätigkeit überlässt. Da setzt ein Gedanke ein, bricht ab, wird durch einen anderen aus dem Felde geschlagen. Wer prüfend das Gespräch zweier Menschen belauscht, wer sich unbefangen selbst beobachtet, der erhält eine Vorstellung von dieser irrlichtelierenden Gedankenmasse. Solange nun der Mensch sich bloß den Aufgaben des Sinnenlebens widmet, so lange wird sein wirrer Gedankenablauf durch die Tatsachen der Wirklichkeit immer wieder zurechtgerückt. Ich mag noch so verworren denken: der Alltag drängt mir in meinen Handlungen die der Wirklichkeit entsprechenden Gesetze auf. Mein Gedankenbild einer Stadt mag sich als das regelloseste gestalten: will ich in der Stadt einen Weg machen, so muss ich mich den vorhandenen Tatsachen fügen. Der Mechaniker kann mit noch so bunt durcheinanderwirbelnden Vorstellungen seine Werkstätte betreten; er wird durch die Gesetze seiner Maschinen zu richtigen Maßnahmen geführt. Innerhalb der Sinnenwelt üben die Tatsachen ihre fortwährende Korrektur für das Denken. Wenn ich eine falsche Ansicht über eine physische Erscheinung oder über die Gestalt einer Pflanze ausdenke, so tritt mir die Wirklichkeit entgegen und rückt mein Denken zurecht. Ganz anders ist es, wenn ich mein Verhältnis zu den höheren Gebieten des Daseins betrachte. Sie enthüllen sich mir nur, wenn ich ihre Welten schon mit einem streng geregelten Denken betrete. Da muss mir mein Denken den rechten, den sicheren Antrieb geben, sonst finde ich nicht die entsprechenden Wege. Denn die geistigen Gesetze, die sich in diesen Welten ausleben, sind nicht bis zur physisch-sinnlichen Art verdichtet und üben also auf mich nicht den gekennzeichneten Zwang aus. Ich vermag diese Gesetze nur zu befolgen, wenn sie mit meinen eigenen, als denen eines denkenden Wesens, verwandt sind. Ich muss mir hier selbst ein sicherer Wegweiser sein. Der Erkennende muss also sein Denken zu einem streng in sich geregelten machen. Die Gedanken müssen sich bei ihm allmählich ganz entwöhnen, den alltäglichen Gang zu nehmen. Sie müssen in ihrem ganzen Verlaufe den inneren Charakter der geistigen Welt annehmen. Er muss sich nach dieser Richtung beobachten können und in der Hand haben. Nicht willkürlich darf sich bei ihm ein Gedanke an den andern anreihen, sondern allein so, wie es dem strengen Inhalte der Gedankenwelt entspricht. Der Übergang von einer Vorstellung zur andern muss den strengen Denkgesetzen entsprechen. Der Mensch muss als Denker gewissermaßen stets ein Abbild dieser Denkgesetze darstellen. Alles, was nicht aus diesen Gesetzen fließt, muss er seinem Vorstellungsablauf verbieten. Tritt ihm ein Lieblingsgedanke in den Weg, so muss er ihn abweisen, wenn der in sich geregelte Ablauf dadurch gestört wird. Will ein persönliches Gefühl seinen Gedanken eine gewisse, nicht in ihnen liegende Richtung aufzwingen, so muss er es unterdrücken. – Plato hat von denjenigen verlangt, die in seiner Schule sein wollten, dass sie zuerst einen mathematischen Lehrgang durchmachen. Und die Mathematik mit ihren strengen Gesetzen, die sich nicht nach dem alltäglichen Gang der Sinneserscheinungen richten, ist wirklich eine gute Vorbereitung für den Erkenntnis Suchenden. Er muss sich, wenn er in ihr vorwärtskommen will, aller persönlichen Willkür, aller Störungen entschlagen. Der Erkenntnis Suchende bereitet sich für seine Aufgabe dadurch vor, dass er durch Willkür alle selbsttätig waltende Willkür des Denkens überwindet. Er lernt, rein den Forderungen des Gedankens zu folgen. Und so muss er lernen, in jeglichem Denken, das der Geisterkenntnis dienen soll, vorzugehen. Dies *Gedankenleben* selbst muss ein Abbild des ungestörten mathematischen Urteilens und Schließens sein. Er muss bestrebt sein, wo er geht und steht, in solcher Art denken zu können. Dann fließen die Gesetzmäßigkeiten der geistigen Welt in ihn ein, die spurlos an ihm vorüber- und durch ihn hindurchziehen, wenn sein Denken den alltäglichen, verworrenen Charakter trägt. Ein geordnetes Denken bringt ihn von sicheren Ausgangspunkten aus zu den verborgensten Wahrheiten. Solche Hinweise sollen aber nicht einseitig aufgefasst werden. Wenn auch Mathematik eine gute Disziplinierung des Denkens bewirkt, so kann man doch zu einem reinen, gesunden und lebensvollen Denken auch kommen, ohne Mathematik zu treiben.

17 Vom Denken zum Tun

Und was der Erkenntnis Suchende für sein Denken anstrebt, das muss er auch für sein Handeln anstreben. Dies muss, ohne störende Einflüsse von Seiten seiner Persönlichkeit, den Gesetzen des edlen Schönen und ewig Wahren folgen können. Diese Gesetze müssen ihm die Richtung geben können. Beginnt er etwas zu tun, was er als das Richtige erkannt hat, und befriedigt sich an diesem Tun sein persönliches Gefühl nicht, so darf er den betretenen Weg *deswegen* nicht verlassen. Er darf ihn aber auch nicht verfolgen, weil er ihm Freude macht, wenn er findet, dass er mit den Gesetzen des ewig Schönen und Wahren nicht übereinstimmt. Im alltäglichen Leben lassen sich die Menschen von dem zu ihren Handlungen bestimmen, was sie persönlich befriedigt, was *ihnen* Früchte trägt. Dadurch zwingen sie die Richtung ihrer Persönlichkeit dem Gang der Welterscheinungen auf. Sie verwirklichen nicht das Wahre, das in den Gesetzen der geistigen Welt vorgezeichnet ist, sie verwirklichen die Forderung ihrer Willkür. Erst dann wirkt man im Sinne der geistigen Welt, wenn man allein deren Gesetze befolgt. Aus dem, was bloß aus der Persönlichkeit heraus getan wird, ergeben sich keine Kräfte, die eine Grundlage bilden können für Geisterkenntnis. Der Erkenntnis Suchende kann nicht bloß fragen: was bringt mir Frucht, womit habe ich Erfolg, sondern er muss auch fragen können: was habe ich als das Gute erkannt? Verzicht auf die Früchte des Handelns für die Persönlichkeit, Verzicht auf alle Willkür: das sind die ernsten Gesetze, die er sich muss vorzeichnen können. Dann wandelt er in den Wegen der geistigen Welt, sein ganzes Wesen durchdringt sich mit diesen Gesetzen. Er wird frei von allem Zwang der Sinnenwelt: sein Geistmensch hebt sich heraus aus der sinnlichen Umhüllung. So gelangt er hinein in den Fortschritt zum Geistigen, so vergeistigt er sich selbst. Man kann nicht sagen: was nützen mir alle Vorsätze, rein den Gesetzen des Wahren zu folgen, wenn ich mich vielleicht über dieses Wahre irre? Es kommt auf das Streben, auf die Gesinnung an. Selbst der Irrende hat in dem Streben nach dem Wahren eine Kraft, die ihn von der unrichtigen Bahn ablenkt. Ist er im Irrtum, so ergreift ihn diese Kraft und führt ihn die Wege zum Rechten. Schon der Einwand: ich kann auch irren, ist störender Unglaube. Er zeigt, dass der Mensch kein Vertrauen hat in die Kraft des

Wahren. Denn gerade darauf kommt es an, dass er sich nicht vermisst, von seinem eigensüchtigen Standpunkte aus sich die Ziele zu geben, sondern darauf, dass er sich selbstlos hingibt und von dem Geiste sich die Richtung bestimmen lässt. Nicht der eigensüchtige Menschenwille kann dem Wahren seine Vorschriften machen, sondern *dieses Wahre selbst* muss in dem Menschen zum Herrscher werden, muss sein ganzes Wesen durchdringen, ihn zum Abbild machen der ewigen Gesetze des Geisterlandes. Erfüllen muss er sich mit diesen ewigen Gesetzen, um sie ins Leben ausströmen zu lassen. – Wie sein Denken, so muss der Erkenntnis Suchende seinen Willen in strengem Gewahrsam haben können. Er wird dadurch in aller Bescheidenheit – ohne Anmaßung – ein Bote der Welt des Wahren und Schönen. Und dadurch, dass er dies wird, steigt er zum Teilnehmer der Geisteswelt auf. Dadurch wird er von Entwickelungsstufe zu Entwickelungsstufe gehoben. Denn man kann das geistige Leben nicht allein durch Anschauen, sondern man muss es dadurch erreichen, dass man es erlebt.

Beobachtet der Erkenntnis Suchende diese dargestellten Gesetze, so werden bei ihm diejenigen seelischen Erlebnisse, die sich auf die geistige Welt beziehen, eine völlig neue Gestalt annehmen. Er wird nicht mehr bloß *in ihnen* leben. Sie werden nicht mehr bloß eine Bedeutung für sein Eigenleben haben. Sie werden sich zu seelischen Wahrnehmungen der höheren Welt ausbilden. In seiner Seele wachsen die Gefühle, wachsen Lust und Unlust, Freude und Schmerz zu Seelenorganen aus, wie in seinem Körper Augen und Ohren nicht bloß ein Leben für sich führen, sondern selbstlos die äußeren Eindrücke durch sich hindurchgehen lassen. Und dadurch gewinnt der Erkenntnis Suchende die *Ruhe* und *Sicherheit* in der Seelenverfassung, die für das Forschen in der Geisteswelt nötig sind. Eine große Lust wird ihn nicht mehr bloß jauchzen machen, sondern ihm Verkünderin sein können von Eigenschaften der Welt, die ihm vorher entgangen sind. Sie wird ihn ruhig lassen; und durch die Ruhe werden die Merkmale der lustbringenden Wesenheiten sich ihm offenbaren. Ein Schmerz wird ihn nicht mehr bloß mit Betrübnis ganz ausfüllen, sondern ihm auch sagen können, welche Eigenschaften das Schmerz verursachende Wesen hat. Wie das Auge nichts für sich begehrt, sondern dem Menschen die Richtung des Weges angibt, den er zu gehen hat, so werden Lust und Schmerz die Seele ihre Bahn sicher führen. Dies ist der Zustand des seelischen Gleichgewichtes, in den der Erkennende kommen muss. Je weniger Lust und Schmerz sich in den Wellen erschöpfen, die sie im Innenleben des Erkennenden aufwerfen, desto mehr werden sie Augen bilden für die übersinnliche Welt. Solange der Mensch in Lust und Leid lebt, so lange *erkennt* er nicht durch sie. Wenn er *durch* sie zu leben lernt, wenn er sein Selbstgefühl aus ihnen herauszieht, dann werden sie seine Wahrnehmungsorgane; dann sieht, dann erkennt er durch sie. Es ist unrichtig, zu glauben, der Erkennende werde ein trockener, nüchterner, lust- und leidloser Mensch. Lust und Leid sind in ihm vorhanden, aber dann, wenn er in der Geisteswelt forscht, in verwandelter Gestalt; sie sind »Augen und Ohren« geworden.

18 Im Zeitlichen das Ewige gewahren

Solange man persönlich mit der Welt lebt, so lange enthüllen die Dinge auch nur das, was sie mit unserer Persönlichkeit verknüpft. Das aber ist ihr Vergängliches. Ziehen wir uns selbst von unserem Vergänglichen zurück und leben wir mit unserem Selbstgefühl, mit unserem »Ich« in unserem Bleibenden, dann werden die vergänglichen Teile an uns zu Vermittlern; und was sich durch sie enthüllt, das ist ein Unvergängliches, ein Ewiges an den Dingen. Dieses Verhältnis *seines* eigenen Ewigen zum

Ewigen in den Dingen muss bei dem Erkennenden hergestellt werden können. Schon bevor er andere Übungen der beschriebenen Art aufnimmt und auch während derselben soll er seinen Sinn auf dieses Unvergängliche hinlenken. Wenn ich einen Stein, eine Pflanze, ein Tier, einen Menschen beobachte, soll ich eingedenk sein können, dass sich in all dem ein Ewiges ausspricht. Ich soll mich fragen können, was lebt als Bleibendes in dem vergänglichen Stein, in dem vergänglichen Menschen? Was wird die vorübergehende sinnliche Erscheinung überdauern? – Man soll nicht glauben, dass solches Hinlenken des Geistes zum Ewigen die hingebungsvolle Betrachtung und den Sinn für die Eigenschaften des Alltags in uns austilge und uns der unmittelbaren Wirklichkeit entfremde. Im Gegenteil. Jedes Blatt, jedes Käferchen wird uns unzählige Geheimnisse enthüllen, wenn unser *Auge* nicht nur, sondern *durch* das *Auge* der Geist auf sie gerichtet ist. Jedes Glitzern, jede Farbennuance, jeder Tonfall werden den Sinnen lebhaft und wahrnehmbar bleiben, nichts wird verloren gehen; nur unbegrenztes neues Leben wird hinzugewonnen werden. Und wer nicht mit dem Auge das Kleinste zu beobachten versteht, wird auch nur zu blassen, blutleeren Gedanken, nicht aber zu geistigem Schauen kommen. – Es hängt von der *Gesinnung* ab, die wir uns in dieser Richtung erwerben. Wie weit wir es bringen, das wird von unseren Fähigkeiten abhängen. Wir haben nur das Rechte zu tun und alles übrige der Entwickelung zu überlassen. Zunächst muss es uns genügen, unseren Sinn auf das Bleibende zu richten. Tun wir das, dann wird *eben dadurch* die Erkenntnis des Bleibenden uns aufgehen. Wir müssen warten, bis uns gegeben wird. Und es wird zur entsprechenden Zeit jedem gegeben, der in Geduld wartet und – arbeitet. – Bald bemerkt unter solchen Übungen der Mensch, welche gewaltige Verwandlung mit ihm vorgeht. Er lernt jedes Ding nur mehr in derjenigen Beziehung wichtig oder unwichtig nehmen, als er das Verhältnis dieses Dinges zu einem Bleibenden,

Ewigen erkannt hat. Er kommt zu einer anderen Wertung und Schätzung der Welt, als er sie früher gehabt hat. Sein Gefühl bekommt ein anderes Verhältnis zu der ganzen Umwelt. Das Vergängliche zieht ihn nicht mehr bloß um seiner selbst willen an wie früher; es wird ihm auch noch ein Glied und Gleichnis des Ewigen. Und dieses Ewige, das in allen Dingen lebt, lernt er lieben. Es wird ihm vertraut, wie ihm vorher das Vergängliche vertraut war. Auch dadurch wird er nicht dem Leben entfremdet, sondern er lernt nur ein jegliches Ding seiner wahren Bedeutung nach schätzen. Selbst der eitle Tand des Lebens wird nicht spurlos an ihm vorüberziehen; aber der Mensch verliert sich, indem er nach dem Geistigen sucht, nicht mehr an ihn, sondern erkennt ihn in seinem begrenzten Wert. Er sieht ihn im rechten Lichte. Der ist ein schlechter Erkennender, der nur in Wolkenhöhen wandeln wollte und darüber das Leben verlöre. Ein wirklich Erkennender wird von seiner Gipfelhöhe aus durch klare Übersicht und rechte Empfindung für alles ein jegliches Ding an seinen Platz zu stellen wissen.

So eröffnet sich dem Erkennenden die Möglichkeit, nicht mehr den unberechenbaren Einflüssen der äußeren Sinnenwelt allein zu folgen, die sein Wollen bald da-, bald dorthin lenken. Er hat durch Erkenntnis in der Dinge ewiges Wesen geschaut. Er hat durch die Umwandlung seiner inneren Welt die Fähigkeit in sich, dieses ewige Wesen wahrzunehmen. Für den Erkennenden erhalten die folgenden Gedanken noch eine besondere Wichtigkeit. Wenn er aus sich heraus handelt, so ist er sich bewusst, aus dem ewigen Wesen der Dinge heraus zu handeln. Denn die Dinge sprechen in *ihm* dieses ihr Wesen aus. Er handelt also im Sinne der ewigen Weltordnung, wenn er aus dem in ihm lebenden Ewigen diesem seinem Handeln die Richtung gibt. Er weiß sich dadurch nicht mehr bloß von den Dingen getrieben; er weiß, dass er sie nach den ihnen selbst eingepflanzten Gesetzen treibt, welche die Gesetze seines eigenen Wesens geworden sind. –

Dieses Handeln aus dem Innern kann nur ein Ideal sein, dem man zustrebt. Die Erreichung dieses Zieles liegt in weiter Ferne. Aber der Erkennende muss den Willen haben, diese Bahn klar zu sehen. Dies ist sein *Wille zur Freiheit*. Denn Freiheit ist Handeln aus sich heraus. Und aus sich darf nur handeln, wer aus dem Ewigen die Beweggründe schöpft. Ein Wesen, das dies nicht tut, handelt nach anderen Beweggründen, als den Dingen eingepflanzt sind. Ein solches widerstrebt der Weltordnung. Und diese muss ihm gegenüber dann obsiegen. Das heißt: es kann letzten Endes nicht geschehen, was es seinem Willen vorzeichnet. Es kann nicht frei werden. Willkür des Einzelwesens vernichtet sich selbst durch die Wirkung ihrer Taten.

19 Stufen des Erkennens

Wer in solcher Art auf sein inneres Leben zu wirken vermag, schreitet von Stufe zu Stufe in der Geisterkenntnis vorwärts. Die Frucht seiner Übungen wird sein, dass seinem geistigen Wahrnehmen gewisse Einsichten in die übersinnliche Welt sich eröffnen. Er lernt, wie die Wahrheiten über diese Welt gemeint sind; und er wird von ihnen durch eigene Erfahrung die Bestätigung erhalten. Ist diese Stufe erstiegen, dann tritt an ihn etwas heran, was nur durch diesen Weg Erlebnis werden kann. Auf eine Art, deren Bedeutung ihm erst jetzt klar werden kann, wird ihm durch die »großen geistigen Führermächte des Menschengeschlechtes« die so genannte Einweihung (Initiation) zuteil. Er wird zum »Schüler der Weisheit«. Je weniger man in einer solchen Einweihung etwas sieht, das in einem äußerlichen menschlichen Verhältnisse besteht, desto richtiger wird die darüber gebildete Vorstellung sein. Nur angedeutet kann hier werden, was mit dem Erkennenden nun vorgeht. Er erhält eine neue Heimat. Er wird dadurch bewusster Einheimischer in der übersinnlichen Welt. Der Quell geistiger Einsicht strömt ihm nunmehr aus einem höheren Orte zu. Das Licht der Erkenntnis leuchtet ihm nunmehr nicht von außen entgegen, sondern er wird selbst in den Quellpunkt dieses Lichtes versetzt. In ihm erhalten die Rätsel, welche die Welt aufgibt, ein neues Licht. Er redet fortan nicht mehr mit den Dingen, die durch den Geist gestaltet sind, sondern mit dem gestaltenden Geiste selbst. Das Eigenleben der Persönlichkeit ist dann in den Augenblicken der Geisterkenntnis nur noch da, um bewusstes Gleichnis zu sein des Ewigen. Zweifel an dem Geist, die vorher in ihm noch aufkommen konnten, verschwinden; denn zweifeln kann nur, wen die Dinge über den in ihnen waltenden Geist täuschen. Und da der »Schüler der Weisheit« vermag, mit dem Geiste selbst Zwiesprache zu halten, so schwindet ihm auch jede falsche Gestalt, unter der er sich vorher den Geist vorgestellt hat. Die falsche Gestalt, in der man sich den Geist vorstellt, ist Aberglaube. Der Eingeweihte ist über den Aberglauben hinaus, denn er weiß, welche des Geistes wahre Gestalt ist. *Freiheit* von den Vorurteilen der Persönlichkeit, des Zweifels und des Aberglaubens, das sind die Merkmale dessen, der auf dem Erkenntnispfade zur Schülerschaft aufgestiegen ist. Man soll nicht verwechseln dieses Einswerden der Persönlichkeit mit dem umfassenden Geistesleben mit einem die Persönlichkeit vernichtenden Aufgehen derselben in dem »Allgeist«. Ein solches »Verschwinden« findet bei wahrer Entwickelung der Persönlichkeit nicht statt. Diese bleibt in dem Verhältnis, das sie mit der Geistwelt eingeht, als Persönlichkeit gewahrt. Nicht Überwindung, sondern höhere Ausgestaltung der Persönlichkeit findet statt. Will man ein Gleichnis für dieses Zusammenfallen des Einzelgeistes mit dem Allgeist, dann kann man nicht das wählen von verschiedenen Kreisen, die in einen zusammenfallen, um in diesem unterzugehen, sondern man muss das Bild vieler Kreise wählen, deren jeder eine ganz bestimmte Farbennuance hat.

Diese verschiedenfarbigen Kreise fallen übereinander, aber *jede* einzelne Nuance bleibt in dem Ganzen ihrer Wesenheit bestehen. Keine verliert die Fülle ihrer Eigenkräfte. Die weitere Schilderung des »Pfades« soll hier nicht gegeben werden. Sie ist, soweit dies möglich ist, in meiner »Geheimwissenschaft«, welche die Fortsetzung dieses Buches bildet, gegeben. Was hier über den geistigen Erkenntnispfad gesagt ist, kann nur allzu leicht *durch eine missverständliche Auffassung* dazu verführen, in ihm eine Empfehlung solcher Seelenstimmungen zu sehen, die eine Abkehr vom unmittelbaren freudigen und tatkräftigen Erleben des Daseins mit sich bringen. Demgegenüber muss betont werden, dass diejenige Stimmung der Seele, welche diese geeignet macht, die Wirklichkeit des Geistes unmittelbar zu erleben, nicht wie eine allgemeine Anforderung über das ganze Leben ausgedehnt werden kann. Der Erforscher geistigen Daseins kann es in seine Gewalt bekommen, für diese Erforschung die Seele in die dazu notwendige Abgezogenheit von der sinnenfälligen Wirklichkeit zu bringen, ohne dass diese Abgezogenheit ihn im Allgemeinen zu einem weltfremden Menschen macht. – Auf der anderen Seite muss aber auch erkannt werden, dass ein Erkennen der geistigen Welt, nicht etwa nur ein solches durch Betreten des Pfades, sondern auch ein solches durch Erfassen der geisteswissenschaftlichen Wahrheiten mit dem vorurteilsfreien gesunden Menschenverstande auch zu einem höheren sittlichen Lebensstand, zu wahrheitsgemäßer Erkenntnis des sinnlichen Daseins, zu Lebenssicherheit und innerer seelischer Gesundheit führt.

Das Christentum
als mystische Tatsache

Wenn davon gesprochen wurde, dass Rudolf Steiner *auf eine spezielle religiöse Wirksamkeit ausdrücklich verzichtet hat, dann fällt doch auf, wie ausführlich er sich in seinen Büchern und vor allem in seinem Vortragswerk mit Grundfragen des Christentums beschäftigt. Das ist kein Zufall. Diese Tatsache rührt auch nicht von äußeren Umständen her. Der Grund dafür ist vielmehr in jenem Erlebnis zu suchen, aus dem der Mitdreißiger als ein Gewandelter hervorgegangen ist. Gemeint ist seine innere Begegnung mit dem Christus, die er nach eigenem Bekunden an sich erfahren hat. Man könnte auch sagen: Rudolf Steiner ist das Christus-Ereignis als eine »mystische Tatsache« aufgegangen. Diese Tatsache erstreckte sich jedoch nicht nur auf eine geistig-seelische Innerlichkeit. Sie beherrschte vielmehr von da an sein gesamtes Schaffen auf dem Feld der Anthroposophie, und zwar bis in deren praktische Realisierung hinein.*

Das gleichnamige Buch »Das Christentum als mystische Tatsache und die Mysterien des Altertums«, das sein Autor 1902, also vor etwa einem Jahrhundert veröffentlichte, trägt verständlicherweise die Signatur seiner Zeit. Man wird es daher weder am heutigen Stand exegetischer oder kirchengeschichtlicher Forschung messen, noch kann man erwarten, dass die Darstellung der aktuellen Gesprächslage auf der Schwelle zum dritten Jahrtausend entspricht. Immerhin ist es bemerkenswert zu sehen, wieviel Steiner daran liegt, das zentrale Ereignis der Christenheit mit dem Denken seiner Zeit in Zusammenhang zu bringen. Aufgrund seines naturwissenschaftlichen Ausgangspunktes ist dies nicht verwunderlich (20). Wichtig aber ist auch die in diesem Zusammenhang getroffene Feststellung, dass die Sachautorität der Wissenschaft gleichwohl begrenzt ist. Das gilt andererseits für die historisch-kritische Betrachtung spiritueller Texte (21). Folglich ist eine adäquate Vorgehensweise unerlässlich, will man sich für die geistig-geistlichen Gehalte der Evangelien öffnen. Die Textforschung könne nur den Vorhof darstellen. Denn, so könnte man hinzufügen, es bedarf einer besonderen Achtsamkeit auf das, was im »irdenen Gefäß« (II. Kor 4,7) menschlicher Ausdrucksweise aufbewahrt ist. Texte mit spirituellen Gehalten bedürfen somit einer spirituellen Interpretation.

So schmal die Basis dessen ist, was Steiner in dieser frühen Schrift seiner Christus-Deutung darstellt, das Johannesevangelium und der dortige Bericht von der Erweckung des Lazarus (Joh 11) zieht er als Beispiel heran (22). Unter Hinweis auf die antiken Mysterien, die im Zeichen des Stirb und Werde gestanden haben, interpretiert er das »Wunder der Totenerweckung« als einen solchen Mysterienvorgang, in dessen Verlauf Lazarus durch den Christus in ein neues, geisterfülltes Leben hineingerufen worden ist (23).

Der biblische Bericht wird gleichsam als eine Handlungsanweisung für die eigene meditative Vergegenwärtigung genommen, bei der es darum geht, sich selbst in das berichtete Geschehen seelenaktiv hineinzustellen und auf diese Weise am Mysterium der spirituellen Erweckung teilzunehmen (24).

Auch noch in späteren Vorträgen entsprach Steiner dem Bedürfnis der Zeitgenossen, christliche Spiritualität jeweils im Gegenüber zu der naturwissenschaftlichen Betrachtung zu sehen. Was in »Das Christentum als mystische Tatsache« – gemäß diesem Buchtitel – zunächst nur auf ein innerseelisches Erleben bezogen bleibt, das wird später auch als eine welthafte, als eine planetarische Tatsache

*anerkannt (25). Sie soll nicht als eine bloße Spekulation »geglaubt«
werden. Sondern es geht dem Begründer der Anthroposophie darum,
den spirituell suchenden Menschen eine Gewissheit von der Realität
des Unvergänglichen, Ewigen zu vermitteln, die dem Tatsachencha-
rakter im irdisch-sichtbaren Bereich in nichts nachsteht: Der Mensch
ist im Ewigen verwurzelt (26). Von daher ist die Frage zu beantworten, worin die Bedeutung der Christustatsache für den Planeten
Erde besteht. Damit beschäftigen sich die Texte eines nachfolgenden
Kapitels, das den kosmischen Aspekt der Christus-Erscheinung be-
handelt.*

20 Gesichtspunkte der Naturwissenschaft

Das naturwissenschaftliche Denken hat das neuzeitliche Vorstel-
lungsleben tiefgehend beeinflusst. Immer unmöglicher wird es,
von den geistigen Bedürfnissen, von dem »Leben der Seele« zu
sprechen, ohne sich mit den Vorstellungsarten und Erkenntnissen der Naturwissenschaft auseinanderzusetzen. Gewiss: es gibt
noch viele Menschen, welche diese Bedürfnisse befriedigen, ohne
sich die Kreise von der naturwissenschaftlichen Strömung im
Geistesleben stören zu lassen. Diejenigen, welche den Pulsschlag
der Zeit hören, können nicht zu diesen gehören. Mit wachsender
Schnelligkeit erobern sich die aus der Naturerkenntnis geschöpften Vorstellungen die Köpfe; und die Herzen folgen, wenn auch
viel weniger willig, wenn auch oft mutlos und zagend. Nicht
allein auf die *Zahl* derer kommt es an, die erobert sind; sondern
darauf, › dass dem naturwissenschaftlichen Denken eine Kraft
innewohnt, die dem Aufmerkenden die Überzeugung gibt: dieses
Denken enthält etwas, an dem eine Weltanschauung der Gegenwart nicht vorbeigehen kann, ohne bedeutungsvolle Eindrücke
zu empfangen. Manche Auswüchse dieses Denkens *nötigen* zu

einem berechtigten Zurückweisen seiner Vorstellungen. Doch kann man dabei nicht stehen bleiben in einem Zeitalter, in dem sich weite Kreise dieser Denkungsart zuwenden und von ihr wie von einer Zaubermacht angezogen werden. Daran ändert auch die Tatsache nichts, dass einzelne Persönlichkeiten einsehen, wie wirkliche Wissenschaft durch sich selbst über die »flache Kraft- und Stoffweisheit« des Materialismus »längst« hinausgeführt hat. Viel mehr, so scheint es, ist auf diejenigen zu achten, die mit Kühnheit erklären: die naturwissenschaftlichen Vorstellungen sind es, auf die auch eine neue Religion aufgebaut werden müsse. Wenn solche dem, der die tieferen geistigen Interessen der Menschheit kennt, auch flach und oberflächlich erscheinen, so muss er doch auf sie hören; denn ihnen wendet sich die Aufmerksamkeit der Gegenwart zu; und es sind Gründe zu der Ansicht vorhanden, dass sie die Aufmerksamkeit in der nächsten Zukunft immer mehr gewinnen werden. Und auch die andern kommen in Betracht, die mit den Interessen ihres Herzens hinter denen ihres Kopfes zurückgeblieben sind. Es sind die, welche sich in ihrem Verstande den naturwissenschaftlichen Vorstellungen nicht entziehen können. Die Beweislast drückt auf sie. Aber die religiösen Bedürfnisse ihres Gemütes können von diesen Vorstellungen nicht befriedigt werden. Für eine solche Befriedigung liefern diese eine zu trostlose Perspektive. Soll denn die Menschenseele sich für die Höhen der Schönheit, Wahrheit und Güte begeistern, um in jedem einzelnen Falle wie eine vom materiellen Gehirn aufgetriebene Schaumblase am Ende in Wesenlosigkeit hinweggefegt zu werden? Das ist eine Empfindung, die auf vielen wie ein Alp lastet. Und die naturwissenschaftlichen Vorstellungen lasten auch deshalb auf ihnen, weil sie mit einer gewaltigen autoritativen Kraft sich aufdrängen. Solche Menschen verhalten sich, solange sie nur können, blind gegen diesen Zwiespalt in ihrer Seele. Ja, sie trösten sich damit, zu sagen, dass volle Klarheit in diesen Dingen der menschlichen Seele versagt sei. Sie denken naturwissenschaftlich, soweit die Erfahrung der Sinne und die Logik des Verstandes dies fordern; aber sie erhalten sich ihre anerzogenen religiösen Empfindungen und bleiben am liebsten über diese Dinge in einer den Verstand umnebelnden Dunkelheit. Sie haben nicht den Mut, sich zu einer Klarheit durchzuringen.

So kann kein Zweifel darüber sein: *die naturwissenschaftliche Denkungsart* ist die mächtigste Gewalt im Geistesleben der Neuzeit. Und wer von den geistigen Interessen der Menschheit spricht, darf an ihr nicht achtlos vorübergehen. Aber zweifellos ist es auch, dass die Art, wie sie zunächst die geistigen Bedürfnisse befriedigt, eine oberflächliche und flache ist. Es wäre trostlos, wenn diese Art die rechte wäre.

21 Die historisch-kritische Betrachtung methodisch ergänzen

Es ist also doch wahr: derjenige, welcher die Wesenheit des Geistes untersucht, kann von der Naturwissenschaft nur lernen. Er braucht es nur wirklich so zu machen, wie sie es macht. Er darf sich nur nicht täuschen lassen durch das, was ihm einzelne Vertreter der Naturwissenschaft vorschreiben wollen. Er soll forschen im geistigen Gebiete wie sie im physischen; aber er braucht die Meinungen nicht zu übernehmen, welche sie, getrübt durch ihr Denken über rein Physisches, von der geistigen Welt vorstellen.

Man handelt nur im Sinne der Naturwissenschaft, wenn man den geistigen Werdegang des Menschen ebenso unbefangen betrachtet, wie der Naturforscher die sinnliche Welt beobachtet. Man wird dann allerdings auf dem Gebiete des Geisteslebens zu einer Betrachtungsart geführt, die sich von der bloß naturwissenschaftlichen ebenso unterscheidet wie die geologische von der bloß physikalischen, die Untersuchung der Lebensentwicklung von der Erforschung der bloßen chemischen Gesetze. Man wird zu höheren Methoden geführt, die zwar nicht die naturwissenschaftlichen sein können, aber doch ganz in ihrem Sinne gehalten sind. Dadurch wird sich manche einseitige Ansicht der Naturforschung von einem andern Gesichtspunkte modifizieren oder korrigieren lassen; aber man setzt damit die Naturwissenschaft nur fort; man sündigt nicht gegen sie. – Solche Methoden allein können dazu führen, in geistige Entwicklungen wie in diejenige des Christentums oder anderer religiöser Vorstellungswelten wirklich einzudringen. Wer sie anwendet, mag den Widerspruch mancher Persönlichkeit erregen, die naturwissenschaftlich zu denken glaubt: er weiß sich aber doch in vollem Einklange mit einer wahrhaft naturwissenschaftlichen Vorstellungsart.

Auch über die bloß geschichtliche Erforschung der Dokumente des Geisteslebens muss ein also Forschender hinausschreiten. Er muss es gerade wegen seiner aus der Betrachtung des natürlichen Geschehens geschöpften Gesinnung. Es hat für die Darlegung eines chemischen Gesetzes wenig Wert, wenn man die Retorten, Schalen und Pinzetten beschreibt, die zu der Entdeckung des Gesetzes geführt haben. Aber genauso viel und genauso wenig Wert hat es, wenn man, um die Entstehung des Christentums darzulegen, die geschichtlichen Quellen feststellt, aus denen der Evangelist Lukas geschöpft hat; oder aus denen die »Geheime Offenbarung« des Johannes zusammengestellt ist. Die »Geschichte« kann da nur der Vorhof der eigentlichen Forschung sein. Nicht dadurch erfährt man etwas über die Vorstellungen, welche in den Schriften des Moses oder in den Überlieferungen der griechischen Mysten herrschen, dass man die geschichtliche Entstehung der Dokumente verfolgt. In diesen haben doch die Vorstellungen, um die es sich handelt, nur einen äußeren Ausdruck gefunden. Und auch der Naturforscher, der das Wesen des »Menschen« erforschen will, verfolgt nicht, wie das Wort »Mensch« entstanden ist, und wie es in der Sprache sich fortgebildet hat. Er hält sich an die Sache, nicht an das Wort, in dem die Sache ihren Ausdruck findet. Und im Geistesleben wird man sich an den Geist und nicht an seine äußeren Dokumente zu halten haben.

22 Die Erweckung des Lazarus

Unter den »Wundern«, die Jesus zugeschrieben werden, muss zweifellos der Auferweckung des Lazarus in Bethanien eine ganz besondere Bedeutung zugesprochen werden. Alles vereinigt sich, um dem, was hier der Evangelist erzählt, eine hervorragende Stellung im Neuen Testament anzuweisen. Man muss bedenken, dass die Erzählung nur im Evangelium des Johannes steht, also desjenigen Evangelisten, der durch die bedeutungsvollen Einleitungsworte seines Evangeliums eine ganz bestimmte Auffassung seiner Mitteilungen herausfordert. Johannes beginnt mit den Sätzen: »Im Urbeginne war das Wort, und das Wort war bei Gott; und ein Gott war das Wort. ... Und das Wort ward Fleisch, und wohnete unter uns, und wir sahen seine Herrlichkeit, eine Herrlichkeit des eingeborenen Sohnes vom Vater, voller Hingabe und Wahrheit.« Wer an den Anfang seiner Ausführungen solche Worte setzt, der will gleichsam mit Fingern darauf deuten, dass er in einem besonders tiefen Sinne ausgelegt sein will. Wer hier mit bloßen Verstandeserklärungen kommen will, oder mit anderen Dingen, die an der Oberfläche bleiben, der gleicht dem, welcher meint, Othello hätte auf der Bühne die Desdemona »wirklich« ermordet. Was kann denn Johannes mit seinen Einleitungsworten nur sagen wollen? Dass er von etwas Ewigem spricht, von etwas, das im Urbeginne war, das sagt er doch deutlich. Er erzählt Tatsachen; aber sie sollen nicht als *solche* Tatsachen genommen werden, die Auge und Ohr betrachten, und an denen der logische Verstand seine Künste übt. Das »Wort«, das in dem Weltengeiste ist, verbirgt er hinter den Tatsachen. Diese Tatsachen sind für ihn das Mittel, in dem sich ein höherer Sinn auslebt. Und man darf daher voraussetzen, dass sich in der Tatsache einer Totenerweckung, die Augen, Ohren und dem logischen Verstande die größten Schwierigkeiten macht, der allertiefste Sinn verbirgt.

Dazu kommt noch ein weiteres. *Renan* hat in seinem »Leben Jesu« bereits darauf hingewiesen, dass unzweifelhaft die Auferweckung des Lazarus auf das Ende des Lebens Jesu von entscheidendem Einfluss gewesen sein muss. Ein solcher Gedanke erscheint von dem Standpunkte aus, den Renan einnimmt, unmöglich. Denn warum sollte gerade die Tatsache, dass sich im Volke der Glaube verbreitete, Jesu habe einen Mann vom Tode erweckt, seinen Gegnern so gefährlich scheinen, dass sie darob zu dem Urteile kamen: Können Jesus und das Judentum zusammenleben? Es geht nicht an, mit Renan zu behaupten: »Die andern Wunder Jesu waren flüchtige Ereignisse, auf gutem Glauben weitererzählt und im Munde des Volkes übertrieben, und man kam nicht mehr darauf zurück, nachdem sie geschehen waren. Doch dieses war ein wahrhaftiges Ereignis, das öffentlich bekannt wurde und mit welchem man die Pharisäer zum Schweigen bringen wollte. Alle Feinde Jesu waren über das verursachte Aufsehen erbittert. Man erzählt, sie versuchten Lazarus zu töten.« Es ist unerfindlich, warum das so sein sollte, wenn Renan Recht hätte mit seiner Ansicht, dass es sich in Bethanien bloß um die Inszenierung einer Scheinhandlung gehandelt hätte, die dazu dienen sollte, den Glauben an Jesum zu stärken.

23 Tod und Auferweckung – Inszenierung eines Mysteriums

Jesus musste etwas ganz besonders Wichtiges in Bethanien vollbracht haben, damit gerade im Hinblick darauf die Worte gerechtfertigt erscheinen:»Da versammelten die Hohepriester und Ältesten einen Rat und sprachen: Was tun wir? Dieser Mensch tut viele Zeichen.« (Johannes 11, 47.) Renan vermutet auch etwas Besonderes.»Es muss anerkannt werden, dass diese Erzählung des Johannes wesentlich verschiedener Art ist von den Wunderberichten, dem Ausfluss der Volksphantasie, von denen die Synoptiker voll sind. Fügen wir noch hinzu, dass Johannes der einzige Evangelist ist, der genaue Kenntnisse der Beziehungen Jesu zur Familie in Bethanien hatte, und dass es unbegreiflich wäre, wie eine Volksschöpfung in dem Rahmen von so persönlichen Erinnerungen hätte Platz greifen können. Wahrscheinlich war also das Wunder keines der ganz legendären, für die niemand verantwortlich ist. Kurz, ich glaube, dass in Bethanien etwas geschehen sei, was als eine Auferstehung gelten konnte.« Heißt das im Grunde nicht: Renan vermutet, dass in Bethanien etwas geschehen ist, für das er keine Erklärung hat? Er verschanzt sich auch hinter die Worte:»Bei der Länge der Zeit, und einem einzigen Text, der deutliche Spuren nachträglicher Zusätze aufweist, ist es unmöglich, zu entscheiden, ob in diesem Falle alles Erdichtung sei, oder ob denn wirklich ein Vorfall in Bethanien dem Gerücht als Grundlage dient.« – Wie, wenn man es hier mit etwas zu tun hätte, demgegenüber der Text nur richtig gelesen zu werden braucht, um zum wahren Verständnisse zu kommen? Vielleicht hört man dann auf, von»Erdichtung« zu reden.

Zugegeben werden muss, dass die ganze Erzählung im Johannes-Evangelium in einen geheimnisvollen Schleier gehüllt ist. Man braucht, um das einzusehen, nur auf Eines hinzudeuten. Was für einen Sinn sollten, wenn die Erzählung im physischen

Sinne wörtlich zu nehmen wäre, Jesu Worte haben: »Die Krankheit ist nicht zum Tode, sondern zur Ehre Gottes, dass der Sohn Gottes dadurch geehrt werde.« Dies ist die gebräuchliche Übersetzung der entsprechenden Evangelienworte; doch kommt man besser zum Sachverhalt, wenn man – was auch dem Griechischen entsprechend richtig ist – übersetzt: »zur Erscheinung (zur Offenbarung) Gottes, dass der Sohn Gottes dadurch offenbar werde«. Und was sollten die anderen Worte bedeuten: Jesus spricht »Ich bin die Auferstehung und das Leben. Wer an mich glaubt, der wird leben, ob er gleich stürbe.« (Johannes 11,4 und 25.) Es wäre eine Trivialität zu glauben, Jesus habe sagen wollen: Lazarus sei nur krank geworden, damit er seine Kunst an ihm zeigen könne. Und es wäre eine weitere Trivialität, zu meinen, Jesus habe behaupten wollen, der Glaube an ihn mache einen Toten im gewöhnlichen Wortsinne wieder lebendig. Was wäre denn besonders an einem Menschen, der vom Tode auferstanden ist, wenn er nach der Auferstehung derselbe wäre wie vor dem Sterben? Ja, was hätte es für einen Sinn, wenn das Leben eines solchen Menschen bezeichnet würde mit den Worten: »Ich bin die Auferstehung und das Leben«? Sofort kommt Leben und Sinn in Jesu Worte, wenn wir sie als den Ausdruck eines geistigen Ereignisses und dann in gewisser Weise sogar *wörtlich* so verstehen, wie sie im Texte sind. Jesus sagt doch: Er sei die Auferstehung, die an Lazarus geschehen ist; und er sei das *Leben*, das Lazarus lebt. Man nehme doch *wörtlich*, was Jesus im Johannes-Evangelium ist. Er ist das »Wort, das Fleisch geworden ist«. Er ist das Ewige, das im Urbeginne war. Ist er wirklich die Auferstehung: dann ist das »Ewige, Anfängliche« in Lazarus auferstanden. Man hat es also mit einer Auferweckung des ewigen »Wortes« zu tun. Und dieses »Wort« ist das Leben, zu dem Lazarus auferweckt worden ist. Man hat es mit einer »Krankheit« zu tun. Aber mit einer Krankheit, die nicht zum Tode führt, sondern die zur »Ehre Gottes«, das ist, zur Offenbarung Gottes dient. Ist in

Lazarus das »ewige Wort« auferstanden, dann dient wirklich der ganze Vorgang dazu, den Gott in Lazarus erscheinen zu lassen. Denn Lazarus ist durch den ganzen Vorgang ein anderer geworden. Vorher lebte nicht das »Wort«, der Geist, in ihm; jetzt lebt dieser Geist in ihm. Dieser Geist ist in ihm geboren worden. Gewiss ist doch mit jeder Geburt eine Krankheit, die Krankheit der Mutter, verknüpft. Aber diese Krankheit führt nicht zum Tode, sondern zu neuem Leben. Bei Lazarus wird dasjenige »krank«, aus dem der »neue Mensch«, der vom »Wort« durchdrungene Mensch geboren wird.

Wo ist das Grab, aus dem das »Wort« geboren ist? Man braucht, um auf diese Frage Antwort zu erhalten, nur an Plato zu denken, der den Leib des Menschen ein Grab der Seele nennt. Und man braucht sich nur zu erinnern, dass auch Plato von einer Art Auferstehung spricht, wenn er auf das Lebendigwerden der geistigen Welt in dem Leibe deutet. Was Plato die geistige Seele nennt, das bezeichnet Johannes als das »Wort«. Und Christus ist ihm das »Wort«. Plato hätte sagen können: Wer geistig wird, der hat ein Göttliches aus dem Grabe seines Leibes auferstehen lassen. Und für Johannes ist das, was durch das »Leben Jesu« geschehen ist, diese Auferstehung. Kein Wunder, wenn er also Jesum sagen lässt: »Ich bin die Auferstehung«.

Kein Zweifel kann sein, dass der Vorgang in Bethanien eine Erweckung im geistigen Sinne ist. Lazarus ist ein anderer geworden als er vorher war. Er ist zu einem Leben erstanden, von dem das »ewige Wort« sagen konnte: »Ich bin dieses Leben.« Was also ist mit Lazarus vorgegangen? Es ist der Geist in ihm lebendig geworden. Er ist des Lebens teilhaftig geworden, das ewig ist. – Man braucht sein Erlebnis nur auszusprechen mit den Worten derer, die in die Mysterien eingeweiht wurden, und der Sinn enthüllt sich sofort. Was sagt doch Plutarch über den Zweck der Mysterien? Sie hätten dazu gedient, die Seele vom körperlichen Leben abzuziehen und mit den Göttern zu vereinigen. Man lese, wie Schelling die Empfindungen eines Eingeweihten beschreibt: »Der Eingeweihte wurde durch die empfangenen Weihen selbst ein Glied jener magischen Kette, er selber ein Kabire, aufgenommen in den unzerreißbaren Zusammenhang und, wie die alten Inschriften sich ausdrücken, dem Heere der oberen Götter gesellt« (Schelling, Philosophie der Offenbarung). Und man kann den Umschwung, der im Leben dessen vorging, der die Mysterienweihen empfing, nicht bedeutungsvoller bezeichnen als mit den Worten, die Ädesius seinem Schüler, dem Kaiser Konstantin sagt: »Wenn du einst an den Mysterien teilnimmst, wirst du dich schämen, überhaupt nur als Mensch geboren zu sein.«

24 Meditative Vergegenwärtigung

Man durchtränke seine ganze Seele mit solchen Empfindungen, und man wird das rechte Verhältnis zu dem Vorgang in Bethanien gewinnen. Man erlebt dann etwas ganz Besonderes bei der Erzählung des Johannes. Eine Gewissheit dämmert auf, die keine logische Auslegung, kein rationalistischer Erklärungsversuch geben kann. Ein Mysterium im wahren Sinn des Wortes steht vor uns. In Lazarus ist das »ewige Wort« eingezogen. Er ist, um im Sinn der Mysterien zu sprechen, ein Initiierter (Eingeweihter) geworden (siehe »Mysterien und Mysterienweisheit«). Und der Vorgang, der uns erzählt wird, muss ein Initiationsvorgang sein.

Stellen wir den ganzen Vorgang einmal als Initiation vor uns hin. Lazarus wird von Jesus geliebt (Johannes 11, 36). Kein Lieb-haben im gewöhnlichen Sinne kann damit gemeint sein. Das widerspräche dem Sinn des Johannes-Evangeliums, in dem Jesus das »Wort« ist. Jesus hat Lazarus lieb gehabt, weil er ihn für reif hielt, um das »Wort« in ihm zu erwecken. Es waren Beziehungen Jesu zur Familie in Bethanien vorhanden. Das heißt doch nur, Jesus hat in dieser Familie alles vorbereitet, was zum großen Schlussakt des Dramas hinführen sollte: zur Auferweckung des Lazarus. Dieser ist Schüler Jesu. Er ist ein solcher Schüler, dass Jesus mit Gewissheit annehmen kann: mit ihm werde sich einst die Erweckung vollziehen. Der Schlussakt eines Erweckungsdramas bestand in einer bildhaften, das Geistige offenbarenden Handlung. Der Mensch musste nicht nur das »Stirb und Werde« begreifen: er musste es in einer geistig-wirklichen Handlung selbst vollziehen. Das Irdische, dessen sich der höhere Mensch im Sinne der Mysterien zu schämen hat, musste abgetan werden. Der irdische Mensch musste des bildhaft wirklichen Todes sterben. Dass dann sein Leib in einen somnambulen Schlaf durch drei Tage versetzt wurde, kann gegenüber der Größe der Lebenswandlung, die vorging, eben doch nur als ein äußerlicher Vorgang bezeichnet werden, dem ein ungleich bedeutsamerer geistiger entspricht. Aber diese Handlung war doch auch das Erlebnis, das das Leben des Mysten in zwei Teile teilte. Wer den höheren Inhalt solcher Handlungen nicht lebensvoll kennt, der vermag sie nicht zu verstehen. Man kann sie ihm nur durch einen Vergleich nahe bringen. – Man kann den ganzen Inhalt von Shakespeares Hamlet mit ein paar Worten zusammenfassen. Wer sich dieser Worte bemächtigt, kann in gewissem Sinne sagen: er kenne den Inhalt des Hamlet. Und logisch kennt er ihn auch. Anders aber erkennt ihn der, welcher den ganzen Reichtum der Shakespearischen Handlung auf sich wirken lässt. Durch seine Seele ist ein Lebensinhalt gezogen, der sich durch keine bloße Beschreibung ersetzen lässt. Die Hamlet-Idee ist ihm künstlerische, persönliche Erfahrung geworden. – Durch den magisch-bedeutungsvollen Vorgang, der mit der Initiation verknüpft ist, vollzieht sich im Menschen auf *einer höheren Stufe* ein ähnlicher Vorgang. Er erlebt bildhaft, was er geistig erringt. Das Wort »bildhaft« ist hier so gemeint, dass eine äußere Tatsache zwar sinnlich-wirklich sich vollzieht, dass sie aber als solche doch Bild ist. Man hat es mit keinem unwirklichen Bild, sondern mit einem *wirklichen* zu tun. Der irdische Leib ist drei Tage lang wirklich tot gewesen. Aus dem Tode heraus entsteht das neue Leben. Dieses Leben hat den Tod überdauert. Der Mensch hat das Vertrauen zu dem neuen Leben gewonnen. – So ist es mit Lazarus gewesen. Jesus hat ihn für die Erweckung vorbereitet. Es handelt sich um eine bildhaft-wirkliche Krankheit. Um eine Krankheit, die eine Initiation ist, und die nach drei Tagen zum wirklich neuen Leben führt*.

Lazarus ist reif, diese Handlung an sich zu vollziehen. Er hüllt sich in das Gewand der Mysten. Er schließt sich in einem Zustande von Leblosigkeit, die zugleich bildhafter Tod ist, ein. Und da Jesus kam, da waren die drei Tage erfüllt. »Da hoben sie den Stein ab, da der Verstorbene lag. Jesus aber hob seine Augen empor und sprach: Vater, ich danke dir, dass du mich erhöret hast« (Johannes 11,41). Der Vater hatte Jesum erhört, denn Lazarus war zum Schlussakte des großen Erkenntnisdramas gekommen. Er hatte erkannt, wie man zur Auferstehung gelangt. Eine Einweihung in die Mysterien war vollzogen. Was man sich im ganzen Altertum unter einer solchen Einweihung gedacht hatte, lag vor. Es war durch Jesus, als Initiator, geschehen. So hatte man sich immer die Vereinigung mit dem Göttlichen vorgestellt.

An Lazarus hat Jesus im Sinne uralter Traditionen das große Wunder der Lebensverwandlung vollbracht. Damit ist das Christentum an die Mysterien angeknüpft. Lazarus war durch den Christus Jesus selbst ein Eingeweihter geworden. Er war dadurch fähig geworden, sich in die höheren Welten zu erheben. Er war

---

* Was hier beschrieben ist, bezieht sich auf die alten Einweihungen, die wirklich einen dreitägigen schlafartigen Zustand nötig hatten. Keine wirkliche neuere Einweihung hat dies nötig. Diese führt im Gegenteil zu einem mehr bewussten Erleben; und das gewöhnliche Bewusstsein wird innerhalb der Einweihungsdramatik niemals herabgestimmt.

aber zugleich der erste christliche und von dem Christus Jesus selbst Eingeweihte. Er war durch seine Einweihung fähig geworden, zu erkennen, dass das in ihm lebendig gewordene »Wort« in dem Christus Jesus Person geworden war, dass also in sinnlicher Persönlichkeitserscheinung in seinem Erwecker dasselbe vor ihm stand, was geistig in ihm offenbar geworden war. – Von diesem Gesichtspunkte aus sind bedeutungsvoll die Worte Jesu (Johannes 11,42): »Aber ich weiß, dass du mich stets erhörest; doch um des umherstehenden Volkes willen sage ich es: auf dass sie zu dem Glauben geführt werden, dass du mich gesandt hast.« Das heißt, es handelt sich darum, dass offenbar werde: in Jesus lebt der »Sohn des Vaters«, so, dass, wenn er das eigene Wesen in dem Menschen erweckt, dieser zum Mysten werde. Jesus drückt damit aus, dass in den Mysterien der Sinn des Lebens verborgen war, dass sie zu diesem Sinn hinführten. Er ist das lebendige Wort; in ihm ist Person geworden, was uralte Tradition war. Und der Evangelist darf das mit dem Satze aussprechen: in ihm ist das Wort Fleisch geworden. Er darf in Jesus selbst ein *verkörpertes Mysterium* sehen. Und ein Mysterium ist deshalb das Evangelium des Johannes. Man lese es so, dass die Tatsachen nur Geist sind; und man wird es richtig lesen. Hätte es ein alter Priester geschrieben: er hätte von einem traditionellen Ritus erzählt. Dieser Ritus wird für Johannes Person. Er wird zum »Leben Jesu«. Wenn ein großer neuerer Forscher von den Mysterien sagt – *Burckhardt, Die Zeit Konstantins* –: die Mysterien seien Dinge, über »welche man nie ins Klare kommen werde«, so hat er eben den Weg zu dieser Klarheit nicht erkannt. Man nehme das Johannes-Evangelium vor sich und schaue in bildhaft-körperhafter Wirklichkeit das Erkenntnisdrama, das die Alten vorführten, und man hat den Blick auf das Mysterium gerichtet.

Man kann in den Worten »Lazare, komm heraus« den Ruf wiedererkennen, mit dem die ägyptischen Priester-Initiatoren diejenigen wieder ins Leben des Alltags zurückriefen, welche, um dem Irdischen abzusterben und die Überzeugung von dem Dasein des Ewigen zu gewinnen, sich den weltentrückenden Prozessen der »Einweihung« unterzogen. Aber Jesus hatte damit das Mysteriengeheimnis geoffenbart. Es wird erklärlich, dass einen solchen Vorgang die Juden an Jesu ebensowenig ungesühnt lassen konnten, wie die Griechen es hätten an *Äschylos* ungesühnt lassen können, wenn er die Mysteriengeheimnisse verraten hätte. Es kam Jesus darauf an, in der Lazarus-Initiation vor alles »Volk, das umherstehend« war, einen Vorgang hinzustellen, der im Sinne alter Priesterweisheit nur in der Verborgenheit des Mysteriums sich vollziehen durfte. Diese Initiation sollte zum Verständnis des »Mysteriums von Golgatha« vorbereiten. Vorher konnten über das, was mit einem solchen Initiationsvorgang sich vollzog, nur die etwas wissen, die da »schauten«, das heißt eingeweiht waren; jetzt aber sollten eine Überzeugung von den Geheimnissen der höheren Welten gewinnen können auch die, welche »glaubten, auch wenn sie nicht schauten«.

25 Das Ereignis von Golgatha planetarisch gesehen

Wenn wir im Sinn der heutigen Zivilisation nach der Gewöhnung der naturwissenschaftlichen Denkweise den Menschen betrachten, dann finden wir auf der einen Seite die starre wissenschaftliche Naturnotwendigkeit, welcher der Mensch auch eingegliedert ist, und wir finden auf der anderen Seite, wie der Mensch sich seiner Würde nur bewusst werden kann, wenn er sagen kann: Ich bin wahrhaft Mensch nur, wenn ich in mir die moralisch-religiösen Impulse fühle. – Aber wenn man ehrlich sich auf naturwissenschaftlichen Boden stellt, dann bleiben einem für Erdenanfang und Erdenende lediglich Hypothesen, die uns am

Anfange sprechen von dem Kant-Laplaceschen Weltennebel, am Ende vom Wärmetod.

Wenn man nun gegenüber dem, was als naturwissenschaftliche Anforderung an uns gestellt wird, nur im Sinne der heutigen Zivilisation dasjenige betrachtet, was sich uns als moralisch-religiöse Welt intuitiv enthüllt – ich habe das getan in meiner »Philosophie der Freiheit« –, wenn man das anschaut, so muss man sagen: Eigentlich täuscht man sich einen Nebel vor. Kann man denn noch glauben, dass, wenn die Erde durch den Wärmetod geht, etwas anderes da sein würde im naturwissenschaftlichen Sinne, als der Tod auch aller Ideale?

Da tritt Geisteswissenschaft, Anthroposophie ein und zeigt, wie das Geistig-Seelische eine Realität ist, wie es am Physischen arbeitet, wie es in der menschlichen Gestalt in die Weltentwickelung hinein den Menschen gestellt hat, und dass man zurückschauen muss auf ganz andere animalische Wesen, als die heutigen Tiere es sind, dass man die Methode beibehalten kann der heutigen Naturwissenschaft, aber andere Resultate bekommt. Dadurch gliedert Anthroposophie das Moralische, das Religiöse in die Wissenschaft ein. Dadurch wird Anthroposophie moralisch-religiöse Erkenntnis. Wir blicken nun nicht bloß mehr hin auf den Kant-Laplaceschen Urnebel, wir blicken zugleich hin auf ein ursprünglich Geistiges, aus dem heraus dasjenige, was geistig-seelisch in der Anthroposophie aufgezeigt wird, ebenso sich entwickelt hat, wie sich das Physische aus eben dem physischen Erdenursprung entwickelt hat. Und wir blicken hin zum Erdenende, können zeigen, weil die Entropiegesetze vollberechtigt sind, dass die Erde mit einer Art von Wärmetod enden wird. Aber wir blicken ebenso darauf hin, wie wir hinblicken vom anthroposophischen Gesichtspunkte auf das Ende des einzelnen Menschen. Der Leichnam wird den Elementen übergeben, der Mensch geht in eine geistige Welt ein. So blicken wir auf das Erdenende. Die wissenschaftlichen Resultate beirren uns nicht weiter, denn wir wissen: Alles dasjenige, was an Geistig-Seelischem die Menschen entwickelt haben, es wird, wenn die Erde einmal nicht mehr sein wird, das alles ebenso durch die Todespforte der Erde hinaus zu neuen Weltentwickelungen gehen, wie der Mensch, wenn er durch seinen einzelnen Tod geht, zu neuen Weltentwickelungen geht.

Und indem man die Erde also überblickt, da erst sieht man in die Mitte ihrer Entwickelung *das Ereignis von Golgatha* gestellt. Da sieht man, wie dieses Ereignis von Golgatha hineingestellt ist in die Mitte *der Erdentwickelung*, weil vorher nur Kräfte in dieser Erdentwickelung waren, die längst den Menschen zu einer Art Ablähmung seiner Kräfte hätten führen müssen. Man lernt wirklich erkennen – das kann ich hier nur zum Schlusse erwähnen –, dass so wie in der pflanzlichen, wie in der tierischen Befruchtung etwas Besonderes eintritt in dem befruchteten Organismus, so durch außerirdische geistige Welten im Mysterium von Golgatha etwas hereingetragen ist in die Erdentwickelung, das nun weiterlebt, die Seelen begleitet, bis sie am Erdenende zu anderen Verwandlungsformen unseres Erdendaseins hinauswandeln. Ich müsste Ihnen ganze Bände schildern, wenn ich Ihnen den Weg zeigen würde, der in strenger wissenschaftlicher Gewissenhaftigkeit führt von dem, was ich Ihnen heute dargestellt habe über die Menschheitsentwickelung und Weltentwickelung, zu dem, was dann das Mysterium von Golgatha, was das Auftreten der Christus-Wesenheit im irdischen Zusammenhang ist.

Aber manches Wort wird dann aus den Evangelien gerade durch die geisteswissenschaftliche Vertiefung in einer ganz anderen Weise heraufleuchten, als das bisher möglich war für das abendländische Bewusstsein. Denken wir uns einmal nur: Wenn wir uns ganz auf naturwissenschaftlichen Boden stellen, müssen wir hinschauen auf das physische Erdenende. Und derjenige, der dann weiter diesen naturwissenschaftlichen Boden verfolgt, der wird auch verfolgen können, wie das, was schließlich die Erde mit der Sternenwelt umgibt, wie auch das verfällt. Er wird hinschauen auf eine Zukunft, wo diese Erde unten nicht mehr sein wird, wo diese Sterne oben nicht mehr sein werden. Aber die Gewissheit kommt aus dieser Geisteswissenschaft, dass das, was jeden Abend herausgeht aus dem physischen und dem Ätherleib, und des Morgens wieder hineinkehrt, dass dieses Ewige weiterlebt, geradeso wie es weiterlebt, wenn sein einzelner Leib abfällt. Wenn von allen Menschenseelengeistern die ganze Erde abfällt, dieses Ewige lebt weiter zu neuen planetarischen, zu neuen Weltentwickelungsphasen.

Und jetzt klingt uns in einer ganz wunderbaren Weise aus dem Evangelium entgegen das Christus-Wort: Himmel und Erde werden vergehen, aber meine Worte werden nicht vergehen. – Und es schließt sich an das Pauluswort: Nicht ich, sondern der Christus in mir. – Und wenn das von dem Christen, von demjenigen, der innerlich das Christentum also versteht, wirklich empfunden wird, wenn der Christ sich sagt: Nicht ich, sondern der Christus in mir – und wenn er versteht das Wort des Christus: Himmel und Erde werden vergehen, aber meine Worte, das heißt dasjenige, was in meinem Ewigen liegt, wird nicht vergehen –, dann leuchtet in merkwürdiger Weise aus diesem Evangelium etwas heraus wie ein allerdings Ehrfurcht in sich zauberndes Wort, was aber doch, wenn man ehrlich ist, nicht so ohne weiteres verstanden werden kann.

26 Vom blinden Glauben zur Gewissheit

Tritt man mit Geisteswissenschaft, wie dies anthroposophisch gemeint ist, heran an diese und andere Worte, an viele andere solche Worte, die aus dem Geistesdunkel der Weltentwickelung, der Erden- und Menschheitsentwickelung uns entgegentreten: ein Licht strahlt auf sie. Es ist schon so, als wenn ein Licht strahlte auf ein solches Wort wie das: Himmel und Erde werden vergehen, aber meine Worte werden nicht vergehen –, wenn wir es hertönen hören aus derjenigen Gegend, in der sich abgespielt hat das Mysterium von Golgatha, durch das die ganze Erdenentwickelung ihren Sinn erst eigentlich bekommen hat.

Und so sehen wir, wie durch Geisteswissenschaft, wie sie als Anthroposophie gemeint ist, erstrebt wird allerdings ein gewissenhaftes Beharren bei den strengen Sinnesmethoden, aber auch ein Fortführen dieser strengen Wissenschaftsmethode bis zu denjenigen Gebieten, in denen uns entgegenstrahlt unser eigenes ewiges Wesen, in denen uns aber auch entgegenstrahlt das geistige Wesen der Weltentwickelung, in denen uns das Licht erscheint, in welchem die Weltentwickelung selber mit ihren geistigen Kräften und geistigen Wesenheiten in ihrer Geistgöttlichkeit erscheint. ...

Man glaubt heute noch, man müsse bei einem bloßen Glauben stehen bleiben den übersinnlichen Welten gegenüber, bei einem ehrfurchtsvollen Ahnen, weil sonst das Geheimnis verloren gehe, weil sonst das Übersinnliche rationalisiert würde. Geisteswissenschaft versucht nicht, das Geheimnis zu rationalisieren, die ehrfürchtige Scheu zu vertreiben, die der Mensch vor den Geheimnissen hat. sie führt durch Schauen den Menschen vor diese Geheimnisse hin. Sie lässt es Geheimnis sein, aber sie stellt es so in das Gebiet der Weltentwickelung, wie sonst die sinnlichen Dinge im Gebiet der Weltentwickelung stehen.

Und wahr muss es sein, dass der Mensch auch Gewissheit braucht für das, was über das bloße Natürliche hinaus liegt. In dem Maße, in dem der Mensch empfinden wird, dass er durch Geisteswissenschaft, wie sie im anthroposophischen Sinne gemeint ist, nicht ein vages, ein dilettantisches, ein verschwommenes Herumreden über die Welten hört, sondern etwas, was durchzogen ist von demselben Geiste, wie er sich in der neueren Wissenschaft äußert, in demselben Maße wird auch die Menschheit fühlen und empfinden, dass die Gewissheit, die wir uns angeeignet haben, die wir gewohnt worden sind aus der sinnlichen Welt zu erhalten, auch hinübergetragen werden kann in die geistigen Welten. Und man wird fühlen: Hätten wir zwar Gewissheit, aber nur für die sinnliche Welt, was hülfe uns diese Gewissheit, wenn die sinnliche Welt vergeht? – Der Mensch braucht ein Ewiges, denn er will selber in einem Ewigen wurzeln. Er kann nicht hingeben die Gewissheit dafür, dass sie nur für das Vergängliche gelten soll. Er muss auch das Unvergängliche der wirklichen Gewissheit, der Erkenntnisgewissheit erobern.

In allerbescheidenstem Maße – das weiß derjenige, der heute mit anthroposophischer Geisteswissenschaft sich befasst – will das heute diese anthroposophische Geisteswissenschaft. Sie will, dass der Mensch nicht verliere über der natürlichen Gewissheit ein Wissen von dem Unvergänglichen, über der Gewissheit von dem Vergänglichen die Gewissheit über das Unvergängliche. Gewissheit über das Unvergängliche, damit Gewissheit über die Rätsel der Geburt und des Todes, über das Rätsel der Unsterblichkeit, über die Rätsel der geistigen Weltentwickelungen will Anthroposophie in unsere Zivilisation hereinbringen. Und damit glaubt sie mitarbeiten zu können an dieser Zivilisation. Denn in demselben Maße, in dem der Mensch hier das mutige Anerkennen fasst, dass Gewissheit auch für das Unvergängliche, nicht nur für das Vergängliche erobert werden muss, in demselben

Maße wird man sich gewöhnen, Anthroposophie nicht mehr phantastisch und als das müßige Spiel Einzelner hinzustellen, sondern als etwas, was so wie die anderen Wissenschaften sich unserer gesamten Geistkultur, und damit unserer Zivilisation überhaupt, eingliedern muss.

Der kosmische Christusimpuls

Steiner hat zwar allen Evangelien wiederholt Vortragszyklen gewidmet. Das Johannesevangelium schätzte er aber nicht zuletzt deshalb besonders hoch ein, weil bereits der Prolog (»Im Anfang war das Wort ...«) den besonderen Charakter dieser vierten Evangelienschrift intoniert. Dazu tritt der Eindruck, dass dieser Evangelist mit der Erweckung des Lazarus dem heutigen Leser Wesentliches zu sagen habe. Ein Gesichtspunkt, der in »Das Christentum als mystische Tatsache« noch nicht enthalten ist, findet sich in den Hamburger Vorträgen aus dem Jahre 1908. Man könnte – in Fortführung zu der »mystischen Tatsache« – von der »kosmischen Tatsache« des Christentums sprechen. Das geschieht übrigens zu einem Zeitpunkt, in dem die liberal geprägte neutestamentliche Theologie vornehmlich mit der Erforschung des historischen Jesus von Nazaret beschäftigt ist, während die spirituell-kosmische Dimension ausgeblendet bleibt.

Steiner beschränkt sich nun nicht mehr nur auf den inneren Christusaspekt. Er lenkt die Aufmerksamkeit auf den Christusimpuls in seiner Bedeutsamkeit für diese Erde hin. Hier wird sie verstanden als ein Organismus, der analog zum Menschen mit einem Ätherleib und Astralleib, also mit einem Lebens- und Seelenorganismus eigener Prägung ausgestattet sei. Für ihn – so lautet Steiners Überzeugung – kann es nicht gleichgültig sein, dass der sonnenhafte Gottessohn, das »Licht der Welt«, diese Erde betreten und sich mit ihr verbunden hat (27). »Er ist seit dieser Zeit der Herr der Himmelkräfte auf

Erden ...«; es ist dieser in dem Jesus von Nazaret während dreier Jahre einwohnende Christus »der Geist der Erde« (28).

Das Denken Rudolf Steiners ist durchgehend evolutionär bestimmt. Diese Anschauung ist zwar ohne die Entwicklungslehre Darwins und Haeckels kaum vorzustellen. Aber – ähnlich wie nach ihm Teilhard de Chardin – bewegt er sich nicht allein auf der Ebene biologischer Vorgänge. Er bezieht die Heilsgeschichte, die Taten und Leiden des Christus in das Ganze ein, genauer: erst von dem kosmisch verstandenen Christus her ist die Entwicklung von Erde und Menschheit zu verstehen (29), eine Anschauung, die im Neuen Testament am ehesten durch das Johannesevangelium, Kapitel 1, vom Epheser- und Kolosserbrief eine Stütze findet, so groß die Unterschiede sein mögen.

Wenn Steiner von übersinnlichen Wesenheiten spricht, die in den einzelnen Kulturen, etwa der ägyptisch-chaldäischen oder der griechisch-römischen zur Auswirkung gekommen seien, dann versteht er darunter die impulsierenden und inspirierenden Faktoren, die jeweils den Fortgang der Menschheit geleitet haben. Auch sie sieht er der Führungsmacht des Christus unterstellt. Die materielle Welt verkörpert also nicht etwa einen finsteren, widergöttlichen oder geistfeindlichen Bereich, wie dies z.B. bestimmte gnostische, auch kirchlich-theologische Schulrichtungen zeitweise vertreten haben.

Nochmals wird man an Teilhard de Chardin erinnert, wenn man beobachtet, wie Steiner eine spirituelle Naturwissenschaft entstehen sieht, in der Materialität und Spiritualität keine Gegensätze mehr darstellen (30). Vielmehr ist die Christustatsache »bis zur Physik herunter« im menschlichen Denken und Tun zu integrieren, soll das Christentum aus der geistigen Provinzialität herausgeholt werden, in die es immer wieder geraten ist (31). Oder um mit anderen Worten nochmals diesen universellen Aspekt der Christuserscheinung aufzunehmen:

»Als das Mysterium von Golgatha sich vollzog, ging das, was aus dem Kosmos eingestrahlt war, in die geistige Substanz der Erde über und ist seit jener Zeit mit der Erde verbunden.«

Dieser Gedankengang ist nicht abzuschließen, ohne einen weiteren Aspekt nicht wenigstens anklingen zu lassen. Es ist der, der sich auf die Möglichkeit erstreckt, sich heute von dem Christusimpuls von neuem erfüllen zu lassen. Einerseits hatte Steiner von der Feststellung auszugehen, dass das Wissen um den kosmischen Christus verloren gegangen ist. Andererseits hatte er auf die heute sich vorbereitende Christusoffenbarung hinzudeuten (32). Hier zitiert er Verse seines Freundes Christian Morgenstern (»Licht ist Liebe, Sonnenweben ...«) Demnach ist das an Weihnachten gefeierte Inkarnationsgeschehen nicht nur ein historisches Faktum. Die mystische Erfahrung in Geschichte und Gegenwart zeigt, dass die »Gottesgeburt im Seelengrund«, etwa im Sinne Eckharts oder auch des von Steiners angeführten Angelus Silesius, stets aktuell werden kann (33).

27 Vom Christusgeist durchdrungen

Es spitzt sich in dem Johannes-Evangelium alles zuletzt darauf zu, dass innerhalb der Menschheitsgeschichte dasjenige geschieht, was wir nennen das »Mysterium von Golgatha«. Dieses Mysterium von Golgatha in esoterischer Weise verstehen, heißt zu gleicher Zeit den tiefen Sinn des Johannes-Evangeliums enträtseln. Wenn man ins Auge fasst, was eigentlich im Mittelpunkte des ganzen Mysteriums von Golgatha steht, und dies im Sinne des Okkultismus erläutern will, so muss man denken an den Augenblick der Kreuzigung, als das Blut des Erlösers aus den Wunden rann. Und wir erinnern uns dabei an etwas, was wir schon öfter im Verlaufe dieser Vorträge gesagt haben: dass für den Kenner der geistigen Welten alles, was materiell, stofflich, physisch ist, nur der äußere Ausdruck, die äußere Offenbarung ist für ein Geistiges.

Und nun lassen wir vor unsere Seele treten das physische Ereignis, den Christus Jesus am Kreuz, das Blut aus den Wunden fließend. Dieses Bild, dessen Inhalt physisches Ereignis ist, was drückt es geistig für denjenigen aus, der das Johannes-Evangelium richtig verstehen kann?

Dieser physische Vorgang, das Ereignis von Golgatha, ist der Ausdruck, die Offenbarung für einen geistigen Vorgang, der im Mittelpunkte alles Erdengeschehens steht. Wer im Sinne der heutigen materialistischen Weltanschauung dieses Wort auffasst, wird sich nicht viel dabei vorstellen können. Denn er wird sich nicht denken können, dass dazumal bei diesem einzigartigen Ereignis auf Golgatha etwas geschehen ist, was sich unterscheidet von einem etwa physisch ähnlichen oder gleichen Ereignisse. Es ist ein gewaltiger, großer Unterschied zwischen allen Erdenvorgängen, die vor diesem Ereignisse auf Golgatha liegen, und denen, die nachher kommen.

Wenn wir uns das einmal in den Einzelheiten in die Seele malen wollen, so müssen wir sagen: Nicht nur der einzelne Mensch oder irgendein anderes Einzelwesen hat physischen Leib, Ätherleib und Astralleib, so wie wir das in den vorhergehenden Vorträgen in mancherlei Beziehung geschildert haben, sondern auch ein Weltenkörper ist nicht nur diese physische Materie, als die er dem Astronomen und anderen physischen Forschern erscheint; auch ein Weltenkörper hat einen Ätherleib und einen astralischen Leib. Unsere Erde hat ihren Ätherleib, ihren astralischen Leib. Würde unsere Erde nicht ihren zu sich gehörigen Ätherleib haben, so würde sie nicht Pflanzen beherbergen können; würde unsere Erde nicht ihren zu sich gehörigen astralischen Leib haben, würde sie nicht Tiere beherbergen können. Wenn man sich den Ätherleib der Erde vorstellen will, so muss man sich dessen Mittelpunkt ebenso im Mittelpunkt der Erde denken, wie der physische Erdenleib seinen Mittelpunkt dort hat. Dieser ganze physische Erdenleib ist eingebettet in den Ätherleib der Erde und diese beiden zusammen wieder in einen astralischen Leib.

Wenn nun jemand hellseherisch den astralischen Leib der Erde beobachtet hätte im Laufe der Erdentwickelung, im Laufe langer Zeiträume, so würde er gesehen haben, wie tatsächlich dieser astralische Leib und dieser Ätherleib der Erde nicht immer dieselben geblieben sind, dass sie sich veränderten. Um uns die Sache recht bildlich vorzustellen, wollen wir uns einmal im Geiste versetzen außerhalb der Erde auf irgendeinen anderen Stern, wollen denken, ein hellseherischer Mensch sehe von einem anderen Stern auf unsere Erde hinab. Ein solcher Mensch würde nicht nur die Erde schweben sehen als einen physischen Planeten, sondern er würde eine Aura sehen, er würde die Erde von einer Lichtaura umgeben sehen, weil er wahrnehmen würde Ätherleib und astralischen Leib der Erde. Würde nun ein solcher hellseherischer Mensch auf diesem fernen Stern lange weilen, so lange, dass er die vorchristlichen Zeiten für die Erde vorübergehen und das Ereignis von Golgatha hätte eintreten sehen, so würde sich ihm folgender Anblick darbieten: Die Aura der Erde, Astralleib und Ätherleib, bieten einen gewissen Anblick von Farben und Formen vor dem Ereignis von Golgatha; dann aber würde er sehen, wie die ganze Aura ihre Farben ändert von einem bestimmten Zeitpunkte an. Welcher Zeitpunkt ist das? Das ist derselbe Zeitpunkt, wo auf Golgatha das Blut aus den Wunden des Christus Jesus floss. Alle geistigen Verhältnisse der Erde als solche veränderten sich in diesem Augenblicke.

Wir haben gesagt: Dasjenige, was wir den Logos nennen, das ist die Summe der sechs Elohim, die mit der Sonne vereinigt sind, die also die Erde mit ihren Gaben geistig beschenken, während äußerlich das Sonnenlicht auf die Erde niederfällt. So erschien uns das Licht der Sonne als der äußere physische Leib für Geist und Seele der Elohim oder des Logos. In dem Moment, da das Ereignis von Golgatha geschah, hat die Kraft, der Impuls, der früher nur von der Sonne der Erde zuströmen konnte im Lichte, angefangen, sich mit der Erde selbst zu vereinigen; und dadurch, dass der Logos angefangen hat, mit der Erde sich zu vereinigen, dadurch ist die Aura der Erde eine andere geworden.

28 »Der Christus ist der Geist der Erde«

Wäre das Ereignis von Golgatha nicht vor sich gegangen, so würde niemals eintreten können, dass Erde und Sonne sich vereinigen. Denn durch das Ereignis von Golgatha, durch das die Kraft der Elohim in der Sonne oder die Kraft des Logos sich mit der Erde verband, wurde der Impuls gegeben, der Logoskraft zu Logoskraft wiederum hintreibt und die beiden – Sonne und Erde – zuletzt wieder zusammenbringen wird. Seit dem Ereignis von Golgatha hat die Erde, geistig betrachtet, die Kraft wieder in sich, die sie mit der Sonne wieder zusammenführen wird. Deshalb sagen wir: In das geistige Dasein der Erde wurde aufgenommen, was ihr vorher von außen zuströmte, die Kraft des Logos, durch das Ereignis von Golgatha. Was lebte vorher in der Erde? Die Kraft, die von der Sonne auf die Erde niederstrahlt. Was lebt seither in der Erde? Der Logos selber, der durch Golgatha der Geist der Erde wurde.

So wahr in Ihrem Leibe wohnt Ihr Seelisch-Geistiges, so wahr wohnt in dem Erdenleib – in jenem Erdenleib, der aus Steinen, Pflanzen und Tieren besteht und auf dem Sie herumwandeln – das Seelisch-Geistige der Erde; und dieses Seelisch-Geistige, dieser Erdengeist, das ist der Christus. *Der Christus ist der Geist der Erde.* Wenn also der Christus spricht zu denen, die seine intimsten Schüler sind, und bei einer Gelegenheit spricht, die zu den intimsten Gelegenheiten zwischen ihm und seinen Schülern zählt, was darf er ihnen da sagen? Welches Geheimnis darf er ihnen da anvertrauen?

Er darf sagen: Es ist, wie wenn ihr von eurem Leibe in eure Seele blickt. Drinnen ist eure Seele. Und so ist es auch, wenn ihr blickt auf das ganze Erdenrund. Was jetzt zeitweilig, im Fleische, hier vor euch steht, das ist derselbe Geist, der nicht nur in diesem Fleische zeitweilig ist, sondern der der Geist der ganzen Erde ist – und es immer mehr werden wird. – Er durfte hinweisen auf die Erde als auf seinen wahren Leib: Wenn ihr die Halme seht und das Brot esset, das euch nährt – was esst ihr in Wahrheit in den Ähren des Feldes? Meinen Leib esst ihr! Und wenn ihr die Säfte der Pflanzen trinkt, was ist das? Das Blut der Erde ist es – mein Blut! – Das sagte der Christus Jesus zu seinen intimsten Jüngern wörtlich; und wir müssen die Worte nur wirklich buchstäblich nehmen. Da, wo er sie zusammenruft und wo er ihnen die christliche Einweihung, wie wir sie nennen werden, symbolisch darlegt, da spricht er zu ihnen ein merkwürdiges Wort, als er ankündigt, dass einer ihn verraten wird. Er sagt im 18. Vers des 13. Kapitels des Johannes-Evangeliums:

»Der mein Brot isset, der tritt mich mit Füßen.«

Dieses Wort muss wörtlich genommen werden. Der Mensch isst das Brot der Erde – und wandelt mit seinen Füßen hier auf dieser Erde herum. Ist die Erde der Leib des Erdengeistes, das heißt des Christus, dann ist der Mensch derjenige, der mit den Füßen herumwandelt auf dem Erdenleib, der also den Leib dessen, dessen Brot er isst, mit Füßen tritt.

Eine unendliche Vertiefung der Abendmahlsidee wird uns im Sinne des Johannes-Evangeliums zuteil, wenn wir also wissen vom Christus, dem Erdengeist, und von dem Brot, das dem Leib der Erde entnommen ist. Christus weist darauf hin und sagt:

»Dies ist mein Fleisch!«

Wie das Muskelfleisch des Menschen zum Leib der menschlichen Seele gehört, so gehört das Brot zum Leib der Erde, das heißt zum Leibe des Christus. Und die Säfte, die durch die Pflanzen ziehen, durch die Weinrebe pulsieren, sie sind dem

Blute gleich, das durch den Menschenleib pulst. Und der Christus darf hinweisen darauf und sagen:

»Dies ist mein Blut!«

Nur wer nicht verstehen oder keine Anlage haben will zum Verstehen, der kann glauben, dass durch diese wahrhaftige Erklärung das Abendmahl etwas verlöre von der Heiligkeit, die mit dem Abendmahl verbunden ist. Wer aber verstehen will, wird sich sagen: Nichts verliert es hierdurch an Heiligkeit. Aber der ganze Erdenplanet wird durch diese Auslegung geheiligt. Und welche gewaltigen Gefühle sind es, die durch unsere Seele ziehen können, wenn wir so in dem Abendmahl das größte Mysterium der Erde erblicken können: die Verbindung des Ereignisses von Golgatha mit der ganzen Evolution der Erde; wenn wir so lernen im Abendmahl zu fühlen, dass das Herausfließen des Blutes aus den Wunden des Erlösers nicht bloß eine menschliche, sondern eine kosmische Bedeutung hat, dass es nämlich der Erde Kraft gibt, ihre Evolution weiterzubringen!

29 Mit der Erdentwicklung verbunden

Damit sind wir aber auch bei dem angekommen, was man nennen könnte »die vorbereitende Stimmung der Menschenseele zu der Christus-Wesenheit«. Diese vorbereitende Stimmung der Menschenseele zu der Christus-Wesenheit, sie besteht darinnen, dass die Seele – wenn sie das auch nicht mit klaren Worten aussprechen kann – fühlt durch das, was sie in sich erleben kann: Ich habe mich so entwickelt seit Erdenanbeginn, dass ich durch das, was ich in mir selbst habe, mein Entwickelungsziel nicht erreichen kann. Wo ist etwas, woran ich mich klammern kann, was ich in mich hereinnehmen kann, damit ich mein Entwickelungsziel erreiche? Sich so fühlen, als ob das menschliche

Wesen weit über das hinausginge, was die Seele durch ihre Kraft zunächst wegen ihrer bisherigen Erdenentwickelung erreichen kann, das ist die vorbereitende christliche Stimmung. Und wenn dann die Seele das findet, was sie mit ihrer Wesenheit notwendig verbunden wissen muss, wozu sie aber die Kraft nicht in sich selbst findet, wenn dann die Seele das findet, was ihr diese Kräfte gibt, dann ist dieses Gefundene der Christus. Dann entwickelt die Seele ihr Verhältnis zu dem Christus, dann steht die Seele auf der einen Seite so, dass sie sich sagt: Im Erdenanbeginn ist mir eine Wesenheit vorherbestimmt gewesen, die in mir verfinstert worden ist im Laufe der Erdenentwickelung, und blicke ich jetzt in diese verfinsterte Seele, so fehlen mir die Kräfte, diese Wesenheit zu verwirklichen. Aber ich wende den geistigen Blick hin zu dem Christus, der gibt mir diese Kräfte. – Da steht denn die menschliche Seele, indem sie einerseits in der geschilderten Art dasteht, und auf der anderen Seite den Christus an sich herankommen fühlt, wie in einem unmittelbaren persönlichen Verhältnis zu dem Christus. Da sucht sie den Christus und weiß, dass sie ihn nicht finden kann, wenn er sich nicht durch die menschliche Entwickelung der Menschheit selbst gibt, wenn er nicht von außen an sie herankommt.

Es gibt einen christlichen Kirchenvater, der ziemlich allgemein anerkannt ist, und der nicht davor zurückscheute, Heraklit, den griechischen Philosophen, Sokrates und Plato Christen zu nennen, Christen, die es waren, bevor das Christentum begründet worden ist. Warum tut das dieser Kirchenvater? Ja, dasjenige, was sich heute Konfession nennt, verdunkelt so manches auch von dem, was ursprünglich leuchtende christliche Lehren waren. Hat doch *Augustinus* selbst gesagt: »In allen Religionen war etwas Wahres, und dasjenige, was in allen Religionen wahr war, das war das Christliche in ihnen, bevor es ein Christentum dem Namen nach gab.« Augustinus durfte das noch sagen. Heute würde mancher verketzert, der innerhalb einer christlichen Konfession das Gleiche sagen würde.

Wir kommen am schnellsten zum Verständnis dessen, was dieser Kirchenvater damit sagen wollte, dass er auch die alten griechischen Philosophen Christen nannte, wenn wir einmal versuchen uns hineinzuversetzen in das Gemüt derjenigen Seelen, die in den ersten Jahrhunderten verständnisvoll ihr persönliches Verhältnis zu dem Christus zu bestimmen suchten. Diese dachten den Christus nicht so, als ob er vor dem Mysterium von Golgatha ohne Verbindung mit der Erdenentwickelung gewesen wäre. Der Christus hatte immer mit der Erdenentwickelung etwas zu tun. Durch das Mysterium von Golgatha ist nur seine Aufgabe, seine Mission in Bezug auf die Erdenentwickelung eine andere geworden, als sie früher war. Den Christus in der Erdenentwickelung erst seit dem Mysterium von Golgatha zu suchen, das ist nicht christlich! Wahre Christen wissen, dass der Christus immer mit der Erdenentwickelung zu tun hatte.

30 Von Christus geleitet

Man wird die Menschen lehren können, dass bis in die kleinsten Teile der Welt hinein die Substanz von dem Geiste des Christus durchzogen ist. Und so sonderbar es erscheinen mag: Künftig werden Chemiker und Physiker kommen, welche Chemie und Physik nicht so lehren, wie man sie heute lehrt unter dem Einfluss der zurückgebliebenen ägyptisch-chaldäischen Geister, sondern welche lehren werden: »Die Materie ist aufgebaut in dem Sinne, wie der *Christus* sie nach und nach angeordnet hat!« Man wird den Christus bis in die Gesetze der Chemie und Physik hinein finden. Eine spirituelle Chemie, eine spirituelle Physik ist das, was in der Zukunft kommen wird. Heute erscheint das ganz gewiss vielen Leuten als eine Träumerei oder Schlimmeres. Aber was oft die Vernunft der kommenden Zeiten ist, das ist für die vorhergehenden Torheit.

Die Faktoren, welche in diesem Sinne in die menschliche Kulturentwickelung eingreifen, sind schon jetzt für den genauer Zusehenden zu bemerken. Ein solcher kennt aber auch ganz gut, was vom gegenwärtigen wissenschaftlichen oder philosophischen Standpunkt aus mit einem scheinbaren Recht gegen diese vermeintliche Torheit einzuwenden ist.

Von solchen Voraussetzungen aus versteht man auch, *was* die führenden übermenschlichen Wesenheiten voraus haben vor den Menschen. Die Menschen in der nachatlantischen Zeit haben den Christus in der vierten nachatlantischen Kulturperiode, in der griechisch-lateinischen Zeit kennen gelernt. Denn während des Ablaufes dieser Kulturepoche fällt das Christus-Ereignis in die Entwickelung hinein. Da lernten die Menschen den Christus kennen. Die übermenschlichen leitenden Wesenheiten haben ihn während der ägyptisch-chaldäischen Zeit kennen gelernt und sich zu ihm emporgearbeitet. Sie mussten dann während der griechisch-lateinischen Zeit die Menschen ihrem eigenen Schicksal überlassen, um dann später wieder in die Menschheitsentwickelung einzugreifen. Und wenn man heute Theosophie treibt, so bedeutet das nichts anderes, als die Anerkennung der Tatsache, dass die übermenschlichen Wesenheiten, welche die Menschheit geleitet haben, jetzt ihre Führerschaft so fortsetzen, dass sie sich selber unter der Führung des Christus befinden.

31 In universeller Sicht

Das ist die kosmische Bedeutung des Mysteriums von Golgatha. Das ist es, was ich schon vor Jahren meinte, als ich sagte: Nicht eher ist das Christentum begriffen, als bis es *bis zur Physik herunter unsere Erde durchdringt*. Nicht eher ist das Christentum begriffen, bis wir uns sagen: Gerade im Gebiet der Wärme vollzieht sich im Menschen eine solche Umwandlung, dass durch sie Materie vernichtet wird, dass sich bloßes Bilddasein aus der Materie herauszieht, dass dieses Bilddasein aber durch die Verbindung der Menschenseele mit der Christus-Substanz zu neuer Realität gemacht wird.

Und vergleichen Sie, meine lieben Freunde, mit diesem Zusammenschlingen desjenigen, was geistig-seelisch durch den Menschen ist, mit dem, was physisches Dasein ist, vergleichen Sie diesen ganzen Gedanken mit dem trostlosen naturwissenschaftlichen Gedanken der neuen Zeit, der Sie nur in eine Sackgasse führen kann, so werden Sie sehen, welche Bedeutung dieser Gedanke hat; denn dieser Gedanke zeigt uns, wie wir uns alles das vorzustellen haben, was in die bloßen Julius Robert Mayerschen Gedanken eingeht, wie wir uns das vorzustellen haben als dasjenige, was abfällt vom Weltendasein, wie Eis vor der Sonne schmilzt, Schnee in der Sonne schmilzt. Aber der Mensch behält zurück die Bilder. Diese Bilder bekommen aber eine Realität für die Zukunft dadurch, dass eine neue Substanz in diese Bilder fährt, die Substanz, die durch das Mysterium von Golgatha gegangen ist.

Damit aber wird auch der Menschengedanke der Freiheit begründet, und er wird zusammengeschlossen mit dem naturwissenschaftlichen Denken. Er wird dadurch zusammengeschlossen mit dem naturwissenschaftlichen Denken, dass man nicht sagt, Erhaltung des Stoffes und der Kraft, sondern: es ist dem Stoff und der Kraft eine bloße zeitliche Lebensdauer bestimmt. Wir nehmen nicht bloß teil an dem sich fortentwickelnden stofflichen Weltenall, sondern an dem Absterben dieses Weltenalls, und wir sind jetzt schon dabei, uns herauszuringen bis zum bloßen Bilddasein, und uns mit dem zu durchdringen, dem wir uns freiwillig allein hingeben können, dem Christus-Wesen. Denn das Christus-Wesen steht so in der Menschheitsentwicklung drinnen, dass das Verhältnis des Menschen zum Christus nur ein *freies* sein kann.

32 »Licht ist Liebe, Sonnenweben ...«

So sehen wir hinein durch die Geisteswissenschaft in das Mysterium von Golgatha, so stehen wir erschauernd in der heutigen Zeit und fühlen uns berufen, erst dadurch, dass wir aufweisen diejenigen Gebiete, in die das sinnliche Schauen nicht mehr reicht, den Schleier heben zu dürfen, weil wir nicht wollen hinter diesem Schleier nur dasjenige schauen, was ja schauen musste eine Zeit, die ihrer Aufgabe nach sich nach dem Materialismus hin entwickelt hat.

Daher beginnt in unserer Zeit wiederum die Möglichkeit, dass diejenigen, die ihre Seele erfüllt wissen von geisteswissenschaftlichen Impulsen, zum Christus hinaufschauen als zu einem kosmischen Wesen. Dadurch wird wahrhaftig nicht – es muss das immer wiederum gesagt werden – verkleinert die unendliche Hingabe, die wir haben können für das Kind der Weihnachtsweihezeit. Das einfache christliche Empfinden wird dadurch nicht vermindert. Es wird vertieft, wenn wir also den Christus empfinden können, wie unser lieber Freund *Christian Morgenstern* ihn empfand, als ein Gedicht aus seiner Seele erblühte, das uns erscheinen kann wie ein Wiederauferstehen uralt heiliger gnostischer Ideen, in denen zu gleicher Zeit die Christus-Liebe waltete und die kosmische Weisheit tätig war. Und so feiern wir ein neues Weihnachten, indem in der finsteren Nacht des Materialismus wieder Stimmen ertönen, die nicht die der alten Gnostiker sind, aber die befruchtet sind von demjenigen Sinn, der hingerichtet ist nach der lebendigen kosmischen Christus-Wesenheit.

Licht ist Liebe ... Sonnen-Weben
Liebes-Strahlung einer Welt
schöpferischer Wesenheiten –

die durch unerhörte Zeiten
uns an ihrem Herzen hält,
und die uns zuletzt gegeben

ihren höchsten Geist in eines
Menschen Hülle während dreier
Jahre: da Er kam in Seines

Vaters Erbteil – nun der Erde
innerlichstes Himmelfeuer:
dass auch sie einst Sonne werde.

Wird Christus tausendmal zu Bethlehem geboren,
Und nicht in dir, du bleibst noch ewiglich verloren.

Lassen wir in unsere Seele einziehen das innerliche Winterweihnachtsfest, lassen wir unsere Seelen erfühlen, wie geboren werden muss in unserer Zeit eine neue Christus-Erkenntnis. Diese Christus-Erkenntnis, welcher Art ist sie denn? Sie knüpft dasjenige, was des Menschen Intimstes ist und gleichsam sein ganzes Wesen zusammenzieht, an das Allereinfachste: sie knüpft das Kindesleben, noch nicht das voll entwickelte Menschenleben, an das höchste kosmische Sein und Werden. Wir fühlen, indem wir hinschauen zum Christus-Kind, dessen wir in der Winterweihenacht gedenken, die mächtigste Winterweihe vor unserem Seelenblick stehen, die durch alle Äonen reicht, und wir verbinden alles Weltenwerden, wohin wir auch schauen, mit allem Menschlichen, mit dem tiefsten Menschlichen.

33 »In den Tiefen unserer Seele«

So haben wir durch unsere Geisteswissenschaft den Christus-Impuls ganz heraus aus dem tieferen Menschenwerden begriffen, jenem Menschenwerden der alten vorchristlichen Zeiten, wo gewissermaßen auch die Unterschiede wieder aufhören, die Eingeweihten wieder sprechen. Wenn man einmal begriffen haben wird, was alles in die Menschheitsentwickelung eingetreten ist mit dem Mysterium von Golgatha, dann wird man auch die Möglichkeit finden, überall, wo Menschenwerden ist, auch in der Geschichte, die Kräfte weiter zu fördern. Aber erst muss man wissen, wer der Christus wirklich war, bevor man zum Beispiel auch in der Geschichte von ihm sprechen kann.

Dann aber, wenn sich innerhalb unserer geistigen Strömung Seelen finden, immer mehr und mehr Seelen, die da suchen den Impuls, innerlich zu entzünden das Licht, das entzündet werden kann, wenn wir hinuntersteigen in die tiefsten Seelenkräfte, die heute der Mensch nach dem Mysterium von Golgatha haben kann, dann wird sich zeigen, dass durch solches Hinuntersteigen wirklich das Christus-Licht in jeder einzelnen Seele angezündet wird. Dieses Christus-Licht, das wird zum Baume, zum Weihnachtsbaume, der da leuchten wird in allem menschlichen Zukunftswerden, so dass erreicht werden muss das, wohin die Seele schaut in der wiederbelebten Erde, so dass sie im Leben dieser wiederbelebten Erde allüberall den Christus findet. Das wird sie. Und so ernst genommen kann die Christus-Botschaft der Geisteswissenschaft werden, dass bei den Bekennern dieser Geisteswissenschaft wirklich in jeder einzelnen Seele einmal jenes Weihnachtsfest gefeiert wird, welches darstellt die Geburt jener Christus-Erkenntnis, die von dem Christus selbst kommt, die also eine wahre Christus-Geburt, eine Geburt des Christus in uns ist. Sie muss aber eintreten, diese Christus-Geburt in uns.

Wahr, wahr ist das Wort:

> Wird Christus tausendmal zu Bethlehem geboren
> Und nicht in dir, du bleibst noch ewiglich verloren.

Und fügen wir hinzu zu diesem wunderschönen Ausspruch des Mystikers Angelus Silesius: Darum wollen wir uns ewiglich finden, indem wir ewig suchen nach dem Erlebnis der Winterweihenacht, nach der Geburt des Christus in den Tiefen unserer Seele!

Die Religionen
angesichts der Christusoffenbarung

*D*ie von H.P. Blavatsky begründete anglo-indische
*Theosophie ist einst mit dem Programm angetreten, den Wahrheits-
kern in den Religionen zu ergründen. Aufgrund seiner eigenen
spirituellen Erfahrung setzte Rudolf Steiner jedoch einen anderen
Akzent. Er lässt sich mit einem Wort näher bestimmen, das sich in
einem Vortrag vom 13. Mai 1908 findet:* »Das Christentum hat
begonnen als Religion, aber es ist größer als alle Religionen.« *Diese
Formulierung bedarf einer Klärung. Dazu können Äußerungen dienen, die sich aus dem Kontext seines Gesamtwerks, insbesondere
seiner Schau des kosmischen Christus ergibt.*

*Der Respekt vor dem, was als eine universelle Gottesoffenbarung
anzusehen ist, ergibt sich schon aufgrund der von Steiner vertretenen
Anschauung einer Uroffenbarung, die er als* »Urwahrheit« *bzw. als*
»Urweisheit« *bezeichnet (34). Letztlich partizipiert an ihr jede
Religion. Unterschiede ergeben sich angesichts der Bewusstseinsevo-
lution, während der verschiedene Stadien der Entwicklung in Erscheinung treten. Was gemeint ist, wird deutlich, wenn man sich mit
Steiners Vorträgen der Jahre 1912/13 bekannt macht. Sie enthalten
eine Gegenüberstellung der Bhagavadgita und der Briefe des Apostels
Paulus: Dort ein Text der aus uralter Weisheit geschöpft ist, hier
beim neutestamentlichen Autor* »ein Keim von etwas völlig Neuem«,
geistig Jugendlichem (36). Dieses Jugendliche trägt gleichzeitig die

Signatur einer Ichhaftigkeit, von der in den älteren heiligen Schriften gleich welcher Religion noch nicht gesprochen werden kann.

Sieht man von den erwähnten Vorträgen über die Bhagavadgita ab, die übrigens zur Zeit der Lösung von der anglo-indischen Theosophie bzw. bei Begründung der Anthroposophischen Gesellschaft 1912/13 gehalten worden sind, so gibt es von Rudolf Steiner keine eingehenden Darstellungen über die einzelnen Weltreligionen. Er äußert sich, wie so oft in seinen Vorträgen, in aphoristischer Kürze, so dass nur einzelne Aspekte in den Blick kommen.

Was Asien betrifft, so hat er aber über das Verhältnis von westlicher und östlicher Spiritualität grundsätzliche Gesichtspunkte mitgeteilt. Sie unterstreichen einerseits seine hohe Einschätzung der alten Geistestraditionen, lenken andererseits aber die Aufmerksamkeit auf die Verantwortung, die dem heutigen, im Westen lebenden Menschen zukommt. In keinem Fall könne es darum gehen, lediglich östliches Weistum passiv aufzunehmen und sich von einer gerade Mode gewordenen Exotik abhängig zu machen (37). Wenn gelegentlich dennoch der Verdacht geäußert wurde, Theosophie bzw. Anthroposophie trete in besonderer Weise für die östliche Geistigkeit ein, dann vertrat er den Standpunkt: Entscheidend sei nicht die Übernahme aus irgendwelchen religiösen Überlieferungen oder Literaturen, sondern – im Sinne der Mystik – das Streben nach individueller innerer Erfahrung (38). Darum geht es beim Beschreiten des anthroposophischen Erkenntniswegs.

34 Universelle Gottesoffenbarung

Es wird in nicht zu ferner Zeit über den ganzen Erdkreis hin ein intimes Verständnis geben über dasjenige, was in den Zeiten der Vergangenheit die herbsten Kämpfe, die furchtbarsten Disharmonien über die Menschheit gebracht hat, so lange sie in die einzelnen Kulturgebiete zerstückelt war, die nichts voneinander wussten. Was sich im Großen über die Erde hin abspielen wird als eine die ganze Erdenmenschheit umfassende geistige Bewegung, muss sich aber auch abspielen im allerkleinsten von Seele zu Seele. Wie weit entfernt sind jetzt noch die Buddhisten und die Christen voneinander, wie wenig verstehen sie sich, wie sehr lehnen sie einander ab, wenn sie auf dem engsten Boden ihrer Bekenntnisse stehen! Aber die Zeit wird kommen, wo es immer mehr Buddhisten geben wird, die aus dem Buddhismus heraus Geisteswissenschafter sein werden, und immer mehr Christen, die aus dem Christentum heraus Geisteswissenschaftler sein werden. Und diese werden vollstes, tiefstes Verständnis einander entgegenbringen.

Dass die Menschheit zu einem solch intimen Verständnis, zu einer solchen Verständigung drängt, sehen wir heute daran, dass auch in der äußeren Wissenschaft Bestrebungen Platz greifen, die wir als vergleichende Religionswissenschaft bezeichnen. Es sollen nicht geschmälert werden die Verdienste dieser Wissenschaft; sie hat Großes vollbracht. Aber was fördert sie zutage, indem sie erzählt von den verschiedenen Lehren der verschiedenen Religionen? Wenn man es auch nicht sagt, aber es steckt hinter dem, was die vergleichende Religionswissenschaft zutage fördert, doch nur dasjenige, was in den Religionen Kinderglauben ist, worüber diejenigen hinaus sind, die den Kern dieser Religionen erfasst haben: das sucht sie sich anzueignen.

Was will aber Geisteswissenschaft in Bezug auf die Religionen? Sie will gerade dasjenige erkennen, was die wissenschaftlichen Religionsforscher nicht erkennen können, dasjenige, was in den einzelnen Religionen als tiefstes Wahrheitsgut enthalten ist.

Wovon geht die Geisteswissenschaft aus? Davon, dass die Menschheit ihren Ursprung genommen hat aus einem gemeinschaftlichen Gott, und dass nur, wie in eine Anzahl von Strahlen gebrochen, verteilt ist eine Zeit hindurch auf die verschiedenen

Völker und Menschengruppen jene Urweisheit der ganzen Menschheit, die aus dem gemeinsamen Gottesursprung stammt. Diese Urwahrheit und Urweisheit, ungetrübt durch dieses oder jenes Bekenntnis, wiederum aufzufinden und der Menschheit zurückzugeben, das ist das Ideal der Geisteswissenschaft. Daher kann sie auf die einzelnen Religionen eingehen. Sie schaut aber nicht auf die äußeren Riten und Zeremonien, sondern darauf, wie in dieser Religion ebenso wie in jener dieser uralte Weisheitskern enthalten ist. Die Religionen sind ihr so und so viele Kanäle, durch die sich in einzelnen Strahlen dasjenige ergießt, was einst über die ganze Menschheit gleichmäßig sich ergossen hat.

Während der Christ des äußeren Bekenntnisses, der nichts anderes weiß als dasjenige, was die äußere Konfession im Menschenherzen herangezogen hat im Laufe der Jahrhunderte, zu dem Buddhisten sagt: Wenn du zur Wahrheit kommen willst, musst du dasselbe glauben, was ich glaube – und der Buddhist demgegenüber das aufstellt, was ihm heilig ist, und es so zu keinem Verständnis kommen konnte zwischen Christ und Buddhist, verhält sich Geisteswissenschaft diesen Fragen gegenüber in anderer Weise.

35 Golgatha und die Religionen

Das Mysterium von Golgatha, wie hat es sich abgespielt auf dem entlegenen Erdenfleckchen in Palästina? So, dass wir sagen können: international, interkonfessionell hat es sich abgespielt. Einsam, in Verborgenheit fand es statt, dies Mysterium von Golgatha. Nichts wusste davon die äußere Kultur, nichts wussten davon die Römer, welche Herren waren des Stückchen Landes, wo es sich abspielte. Und sie waren wahrhaftig keine Bekenner des Christus, und noch viel weniger waren das die Juden.

Wer ist denn eigentlich anwesend, als sich dies Mysterium von Golgatha abspielte? Wen hat um sich gesammelt derjenige, der im dreißigsten Jahre aufnehmen durfte den Christus? Hat er um sich gesammelt Schüler, wie Konfuzius, Laotse oder Buddha es taten? Wenn man genau zusieht, tat er nicht einmal das. Denn waren seine Jünger bis zum Mysterium von Golgatha schon seine Apostel? Nein! Zerstreut haben sie sich, weggegangen sind sie, als derjenige, dem sie bis dahin gefolgt waren, seinen Leidensweg antrat. Dadurch erst sind sie seine Apostel geworden, dass er, durch den Tod hindurchgehend, ihnen die Gewissheit gab, dass etwas lebt, was Sieger ist über den Tod. Da erst sind sie seine wahren Apostel geworden und haben seine Kraft hineingetragen unter die Völker der Erde. Vorher aber haben sie nicht einmal ihn verstanden. Und derjenige, der nach dem Mysterium von Golgatha am meisten tut zur Ausbreitung des Christentums, versteht ihn wiederum erst, als er ihm im Geiste erschienen ist.

So sehen wir: Im Wesentlichen besteht das Christentum nicht darin, wie es bei anderen Religionen und ihren Stiftern der Fall ist, dass ein großer Lehrer Schüler um sich sammelt und diese seine Lehren weiter verbreiten, sondern darin, dass ein Gottes-Impuls auf die Erde herabkommt, durch den Tod geht und die Ursache ist zu dem Impuls nach aufwärts für die Menschheit. Als das Persönliche weg ist, durch den Tod gegangen ist, da erst wirkt die Kraft, die durch den Christus auf die Erde kam. Nicht wirkt fort eine persönliche Lehre, sondern die Tatsache, dass der Christus im Jesus war, dass er das Mysterium von Golgatha durchgemacht hat, und dass von diesem eine Kraft ausstrahlt über die ganze folgende Menschheitsentwickelung hin.

36 Die Bhagavadgita im Licht des Christus-Impulses

In der Bhagavad Gita hat man etwas vor sich wie die allerreifste Frucht, wie die wunderschönste Ausgestaltung einer langen Menschheitsentwickelung, die durch Jahrtausende herangewachsen ist und endlich einen reifen, weisen und künstlerischen Ausdruck gefunden hat in der herrlichen Gita. Und in den Paulusbriefen hat man vor sich den Keim von etwas völlig Neuem, das wachsen und immer mehr wachsen muss, und das man in seiner vollen Bedeutung nur auf sich wirken lassen kann, wenn man es eben als keimhaft betrachtet und wenn man wie prophetisch im Auge hat dasjenige, was einmal daraus werden soll, wenn Jahrtausende und aber Jahrtausende der Entwickelung verflossen sein werden in die Zukunft hinein, und reifer und immer reifer geworden sein wird das, was keimhaft in den Paulusbriefen angelegt ist.

Nur wenn man dieses berücksichtigt, vergleicht man richtig. Dann ist man sich aber auch klar darüber, dass das, was einstmals groß sein soll, zunächst in unscheinbarer Gestalt aus den Tiefen des Christentums in den Paulusbriefen wie chaotisch einmal aus der Menschheitsseele hervorquellen musste. So wird anders darstellen müssen derjenige, welcher die Bedeutung der Bhagavad Gita auf der einen Seite und die Bedeutung der Paulusbriefe auf der anderen Seite für die gesamte Menschheitsentwickelung der Erde im Auge hat, und anders derjenige, der nach den fertigen Werken in Bezug auf Schönheit und Weisheit und innere Formvollendung beurteilen muss.

Wenn man aber einen Vergleich der beiden Weltanschauungen ziehen will, die da in der Bhagavad Gita und den Paulusbriefen zutage treten, dann muss man zunächst die Frage stellen: Um was handelt es sich denn eigentlich dabei? Es handelt sich darum, dass wir mit alledem, was wir zunächst von den in Betracht kommenden Weltanschauungen historisch übersehen können, es zu tun haben mit der Heranziehung des Ich in der Menschheitsentwickelung. Wenn man dieses Ich in der Menschheitsentwickelung verfolgt, so kann man sagen: In den vorchristlichen Zeiten war dieses Ich unselbständig, war noch wie in verborgenen Seelengründen wurzelnd, hatte es noch nicht zu der Möglichkeit gebracht, sich selbsteigen zu entwickeln.

Dass die Entwickelung mit selbsteigenem Charakter möglich wurde, das konnte ja nur dadurch geschehen, dass in dieses Ich hinein der Impuls geworfen wurde, den wir eben mit dem Namen Christus-Impuls bezeichnen. Das, was seit dem Mysterium von Golgatha in dem menschlichen Ich sein kann und was zum Ausdruck in den Worten des Paulus kommt: »Nicht ich, sondern der Christus in mir«, das konnte vorher nicht in diesem Ich sein. Aber in den Zeiten, in denen man sich schon mit der Betrachtung dem Christus-Impuls nähert, in dem Jahrtausend vor dem Mysterium von Golgatha, bereitete sich dasjenige langsam vor, was dann geschehen sollte durch die Einfügung des Christus-Impulses in die menschliche Seele. Es bereitete sich namentlich in einer solchen Weise vor, wie sie uns in der Tat des Krishna ausgedrückt wird.

Das, was nach dem Mysterium von Golgatha der Mensch in sich selber als den Christus-Impuls zu suchen hatte, das er zu finden hatte im Sinne der Paulinischen Form: »Nicht ich, sondern der Christus in mir«, das musste er vor dem Mysterium von Golgatha nach außen suchen, das musste er so suchen, als ob es ihm aus den Weltenweiten wie eine Offenbarung hereinkäme. Und je weiter wir im Zeitenlauf zurückgehen, desto glanzvoller, desto impulsiver war die äußere Offenbarung. Man kann also sagen: In den Zeiten vor dem Mysterium von Golgatha ist eine gewisse Offenbarung an die Menschheit vorhanden, eine Offenbarung an die Menschheit, die so geschieht, wie wenn der Sonnenschein von außen einen Gegenstand bestrahlt. Wie wenn das Licht von außen auf diesen Gegenstand fällt, so fiel das Licht der geistigen Sonne von außen auf die Seele des Menschen und überleuchtete sie.

Nach dem Mysterium von Golgatha können wir das, was in der Seele wirkt als Christus-Impuls, also als das geistige Sonnenlicht, so vergleichen, dass wir sagen: Es ist, wie wenn wir einen selbstleuchtenden Körper vor uns hätten, der sein Licht von innen ausstrahlt. Dann wird uns, wenn wir die Sache so betrachten, die Tatsache des Mysteriums von Golgatha zu einer bedeutsamen Grenze der Menschheitsentwickelung, dann wird uns dieses Mysterium von Golgatha zu einer Grenze.

37 West-östliche Polarität

Die eine Weltanschauung ist alt und greisenhaft. Aber sie trägt so Großes in sich, dass, wenn man sie auch als greisenhaft anspricht, man vor ihr steht als vor etwas Altehrwürdigem. Den Greis verehrt man, aber man mutet ihm nicht zu, dass er sich zu den Anschauungen der Jugend bekenne. Das aber, was uns im Westen entgegentritt, trägt den Charakter des Anfangs. Wir zeigten, was werden muss aus dem, was als Ideologie in der Stimmung auftritt. Das ist jung, das ist das, was jugendliche Kraft in sich entwickeln muss, damit es auf seine Art zum Geiste gelangt, wie auf seine selbstverständliche Art der Orient zum Geiste gelangt ist.

Verehren wir den Orient wegen seiner Geistigkeit, so müssen wir uns dennoch klar darüber sein: Wir müssen unsere eigene Geistigkeit aus unserem abendländischen Anfang heraus bilden. Wir müssen sie aber so gestalten, dass wir uns über die ganze Erde hin mit jeglicher Anschauung, die vorhanden ist, insbesondere mit altehrwürdigen Anschauungen, verständigen können.

Das wird der Fall sein können, wenn wir als mittlere und westliche Menschen uns bewusst werden, was es bedeutet: Unsere Welt- und Lebensanschauung hat Mängel, aber es sind Mängel der Jugend. Verstehen wir das, so ist es eine Aufforderung, den Mut zu haben zur Kraft. Stellen wir dem, was wir vom Osten haben müssen bei aller Ehrfurcht, Liebe, Bewunderung vor seiner Geistigkeit, nicht ein passives Empfangen gegenüber, sondern ein emsiges Arbeiten aus dem heraus, was heute vielleicht noch ungeistig ist im Westen, was aber den Keim der Geistigkeit in sich trägt, – stellen wir zu der Ehrfurcht die Kraft hin, dann werden wir das Richtige tun für die Menschheitsentwicklung.

38 Von orientalischen Quellen unabhängig

Wir brauchen Persönlichkeiten, die aus sich selbst heraus zu verkündigen wissen, was sie erfahren haben in den höheren Welten. Und dann ist es gleichgültig, ob es geschieht in Worten des Orients, in Worten des Christentums, oder mit den neu geprägten Worten. Im wahren Theosophen leben nicht Worte und nicht Begriffe, in ihm lebt der Geist. Und der Geist hat nicht Worte und nicht Begriffe, der hat unmittelbares Leben. Alle Begriffe und Worte sind nur äußere Form für diesen im Menschen lebenden Geist. Das wird der Fortschritt der theosophischen Bewegung sein. Und sie wird umso theosophischer werden, je mehr wir Männer und Frauen haben werden, die das theosophische Leben begreifen werden, die verstehen werden, dass es nicht darauf ankommt, über Karma zu sprechen und über Reinkarnation, sondern darauf: den Geist, der in ihnen lebt, zum Former, zum Gestalter der Worte zu machen. Dann werden wir vielleicht gar nicht in den Worten sprechen, die gültig waren in der theosophischen Bewegung, und wir sind doch bessere Theosophen. Rechtgläubige und Ketzer werden wir nicht wiederum haben in der theosophischen Bewegung. Wenn wir Rechtgläubige und Ketzer unterscheiden würden, so würden wir in demselben Augenblick die theosophische Bewegung nicht mehr begriffen haben. Und aus keinem anderen Grunde können wir weder ein hinduistisches noch ein buddhistisches Religionsbekenntnis haben. Wir sprechen zu jedem Menschen so, wie er es, durch seinen Fortschritt und durch die Zeitverhältnisse bedingt, verstehen kann.

Es ist also nicht richtig, wenn wir in buddhistischen Phrasen zu unseren Europäern sprechen, weil für unsere europäischen Herzen und Gemüter der Buddhismus in seiner Form etwas Fremdartiges ist. Wir haben uns wirklich hineinzuleben in die Gemüter, nicht aber ihnen etwas Fremdes aufzuoktroyieren. Es heißt geradezu dem Sinne der theosophischen Bewegung ins Gesicht schlagen, wenn wir ein fremdes Bekenntnis aufoktroyieren wollten, welches nicht im lebendigen Volksleben wurzelt. Das war gerade das Geheimnis der Weisheitslehrer, dass sie Worte und Begriffe fanden, um zu jedem zu sprechen, so dass er sie verstand. Unter den Weisheitslehrern zeigen uns dies Hermes, Moses, Pythagoras, Buddha, Jesus Christus. Sie verkündigten den Völkern das, was sie an ihren Orten und zu ihren Zeiten verstehen konnten. Niemals hätte Hermes etwas anderes gelehrt, als was für das ägyptische Herz geeignet war. Buddha hätte niemals etwas anderes gelehrt, als was für das indische Herz war. Und wir müssen das lehren, was für das abendländische Herz ist. Wir müssen uns anschmiegen an das, was schon im Volke lebt. Das war das Geheimnis der großen Lehren aller Zeiten. Und so werden wir wiederum den Weisheitskern der großen Religionsbekenntnisse vertiefen, und vor allen Dingen den Zugang finden zu einem jeden Herzen. Wir müssen verlernen, auf Dogmen zu schwören, verlernen, in der Anerkennung eines Lehrsatzes das Richtige zu suchen. Wir müssen allein auf das Leben sehen. Dann werden wir nicht mehr Anlass geben zu solchen Vorurteilen, als ob wir einen neuen Buddhismus verkündigen wollten, als ob wir buddhistische Propaganda machen wollten. Diejenigen, welche die Theosophie als eine neuzeitliche spirituelle Bewegung verstehen, werden zu dem Christen in christlichen Vorstellungen, zu dem Wissenschaftler in wissenschaftlichen Formen sprechen. Der Mensch kann ja im Einzelnen irren, aber in seinem tiefsten Inneren muss er die Wahrheit finden, in welcher Form sie sich auch ausspricht. Aber man redet, als ob man dem, der Brot sucht, Steine geben will, wenn man zu ihm in fremden Formen spricht.

Das gibt zu gleicher Zeit einen Fingerzeig dahin, wie falsch und unrichtig es ist, wenn wir irgendeine Dogmatik im Sinne einer alten Kirche wieder zu dem machen, worauf wir fußen. Wir haben keine solche Dogmatik. Diejenigen, welche wissen, wie es wirklich steht mit der theosophischen Bewegung, die schauen auf keine Dogmen. Das, was wir zu lehren haben, steht tief geschrieben in eines jeglichen Gemüt. Was der Theosoph zu verkündigen hat, das hat er nicht zu suchen in einem Buche oder in einer Überlieferung, das entspringt keinem Dogma, das entspringt lediglich seinem Herzen. Er hat nichts zu tun, als seine Zuhörer zum Lesen dessen zu bringen, was in ihrer eigenen Seele geschrieben steht. Der, welcher helfen will, muss Anreger sein.

So steht der Theosoph vor dem Leben jeder einzelnen Seele, und will nichts sein als der Anreger, der zur Selbsterkenntnis verhilft. Immer mehr und mehr Menschen werden die theosophische Bewegung so auffassen und dann durch positive Arbeit es dahin bringen, dass solch ein Vorurteil wie das, dass wir buddhistische Propaganda machen wollen, als ob wir mit dem Christentum etwas Fremdes einimpfen wollten, nicht mehr Platz greifen kann. Nein, tot ist das Vergangene, wenn es nicht zu neuem Leben erweckt wird. Nicht dasjenige hat Leben, was wir in den Büchern und Urkunden lesen, sondern das, was in unseren Herzen jeden Tag aufs Neue entsteht. Wenn wir das verstehen, dann sind wir erst richtige Theosophen. Dann gibt es in unserer Gesellschaft theosophische Freiheit, theosophisches Selbststreben eines jeglichen, nicht einen Schwur auf irgendein Dogma, lediglich Forschung, lediglich Streben, lediglich Sehnsucht nach eigener Erkenntnis. Dann gibt es auch nicht irgendwelche Ketzerei, auch nicht irgendetwas, was als nicht erreichbar anerkannt werden könnte, nicht Kampf, sondern vereintes Streben zu immer vereintem spirituellem Leben! So haben es die Großen immer gehalten. So hat es auch Goethe gehalten und schön ausgedrückt in den Worten:

> Nur der verdient sich Freiheit wie das Leben,
> der täglich sie erobern muss.

Der Weltzusammenhang
in Erlebnis und Feier

In der Zeit, in welcher die großen Festtage des Jahres an unsere Seele herantreten, ist es gut, aus der Erkenntnis der geistigen Weltzusammenhänge sich immer wiederum den Sinn des Festjahres vor das Auge zu führen ...«

Ausgesprochen am Karsamstag des Jahres 1923, ist es dieser Gedanke, der im Schaffen und Erleben Rudolf Steiners eine bedeutsame Rolle gespielt hat. Demnach darf man die Erde nicht als bloße Ansammlung von Mineralien, Gewässern und dergleichen betrachten. Man muss sie – wie aus dem früher Gesagten bereits ersichtlich – als einen lebenden und beseelten, rhythmisch durchpulsten Organismus ansehen. Er bringt all das hervor, was das Irdische in seiner Totalität ausmacht: die Mineral-, Pflanzen-, Tier- und Menschenwelt. Diese Gesamtheit gilt es Mal um Mal ins Bewusstsein zu heben, wenn die großen jahreszeitlichen Feste begangen werden (39).

Wesentlich ist nun, dass man heute nicht nur gewohnheitsmäßig dem alten, vielfach religiös getönten Brauchtum folgt, wenn man die Feste feiert. Es gab Zeiten, in denen der Mensch natürlicherweise durchdrungen war von Empfindungen, wie sie sich ihm in der Oster-, Johanni-, Michaeli- und Weihnachtszeit einstellten. Das geschah namentlich in der bäuerlichen Welt. Inzwischen sind die alten Seelenmöglichkeiten weitgehend verebbt. Bestenfalls sind blasse Erinnerungen übrig geblieben, die auf die sattsam bekannte Weise kommerziell ausgebeutet werden ...

*Nun redet Rudolf Steiner nicht etwa einer restaurativen Brauch-
tumspflege das Wort, wenn er das Wesen des Jahreskreislaufs be-
spricht und die vier großen Festeszeiten eigens herausstellt. Er tritt
für eine neue Weise des Erlebens und des Feierns ein. Sie entspricht
einer bewusstseinsmäßigen Durchdringung der überkommenen Vorstellungen und Gebräuche (40). Gemeint ist eine Aktivierung des
seelisch-geistigen Erlebens überhaupt. Man bekommt auf diese Weise
ein Gespür für das Charakteristische der Zeiten, etwa der Sommer-
und der Wintersonnenwende, an Johanni und an Weihnachten (41).
Man erwacht zu einem Michael-Verständnis, von dem eine Ermuti-
gung ausgehen kann (42). Erzeugt wird ein durch Selbstbesinnung
aufgehelltes Naturbewusstsein:*

*»Das Licht aus Weltenweiten /
Im Innern lebt es kräftig fort ...«*

39 Der Jahreslauf – ein Atmungsrhythmus

Wer das Geistige nur in seiner Abstraktion festhalten will, wer
zum Beispiel sagt, man soll das Geistige nicht hinunterziehen in
die physisch-sinnliche Welt, der sollte nur gleich auch von dem
Gedanken ausgehen, dass die göttliche Wesenheit verunziert
werde, wenn man sich vorstellt, dass sie die Welt erschaffen habe.
Das Göttliche wird ja doch nur dann in seiner Größe und Gewalt
begriffen, wenn man es nicht hinausversetzt über das Sinnliche,
sondern wenn man ihm die Kraft zuschreibt, in diesem Sinnlichen zu wirken, dieses Sinnliche schöpferisch zu durchdringen.
Es ist eine Herabwürdigung des Göttlichen, wenn man dieses
Göttliche gewissermaßen bloß in abstrakte Höhen, in ein
Wolkenkuckucksheim hinausversetzen will. Und so wird man
niemals in geistigen Realitäten leben, wenn man das Geistige nur

in seiner Abstraktheit erfasst, wenn man es nicht mit dem ganzen Weltenlaufe, wie er uns entgegentritt, in Zusammenhang bringen kann.

Der Weltenlauf tritt uns ja für unser irdisches Leben zunächst so entgegen, dass dieses irdische Leben eine Anzahl von Jahren umfasst, dass diese Jahre in einem regelmäßigen Rhythmus die Wiederkehr gewisser Ereignisse darstellen, wie ich schon gestern angedeutet habe. Nach einem Jahre kommen wir ungefähr auf dieselben Geschehnisse der Witterung, der Sonnenkonstellation und so weiter zurück. Der Jahreslauf ist gewissermaßen etwas, was sich in unser irdisches Leben in rhythmischer Weise hineinstellt. Wir haben gestern gesehen, dass dieser Jahreslauf eine Aus- und Einatmung des Seelisch-Geistigen der Erde durch diese Erde selber darstellt. Wenn wir die vier Hauptpunkte dieses Erdenatmungsprozesses, wie wir sie gestern vor unsere Seele haben treten lassen, noch einmal uns vergegenwärtigen, so müssen wir sagen: Die Weihnachtsfesteszeit stellt uns dar das innere Atemhalten der Erde. Das Seelisch-Geistige ist von der Erde völlig aufgesogen. Tief im Inneren der Erde ruht alles das, was die Erde entfaltet hat während der Sommerzeit, um es vom Kosmos anregen zu lassen. Alles was sich öffnete und hingab den kosmischen Kräften während der Sommerzeit, ist von der Erde eingesogen, ruht in den Tiefen der Erde zur Weihnachtszeit. Der Mensch lebt ja nicht in den Tiefen des Irdischen, er lebt physisch auf der Oberfläche der Erde. Er lebt aber auch geistig-seelisch nicht in den Tiefen der Erde, sondern er lebt eigentlich mit dem Umkreis der Erde. Er lebt auch geistig-seelisch mit der die Erde umkreisenden Atmosphäre.

Daher hat alle esoterische Wissenschaft immer anerkannt das Wesentliche der Erde zur Wintersonnenwendezeit, zur Weihnachtszeit, als ein zunächst Verborgenes, als etwas, was mit gewöhnlichen menschlichen Erkenntniskräften nicht durchschaut werden kann, was in den esoterischen Mysterienbereichen gehört. Und in allen älteren Zeiten, in denen auch etwas Ähnliches da war wie unser heutiges Weihnachtsfest, galt es, dass dasjenige, was sich mit der Erde zur Weihnachtszeit abspielt, nur begriffen werden könne durch die Einweihung in die Mysterienerkenntnis, durch die Einweihung, wie man es noch in Griechenland nannte, in die chthonischen Mysterien. Durch diese Einweihung in die Mysterienerkenntnis entfremdete sich gewissermaßen der Mensch von dem Umkreis der Erde, in dem er mit seinem gewöhnlichen Bewusstsein lebt, so weit, dass er untertauchte in etwas, in das er physisch nicht untertauchen konnte: dass er in das Geistig-Seelische untertauchte und kennen lernte, was die Erde während der Vollwinterzeit dadurch wird, dass sie ihr Geistig-Seelisches einsaugt. Und kennen lernte dann der Mensch durch diese Mysterieneinweihung, dass die Erde zur Wintersonnenwendezeit ganz besonders empfänglich wird für die Durchdringung mit den Mondenkräften. Das galt als das Geheimnis, wenn ich mich im modernen Sinne ausdrücken darf, als das Weihnachtsgeheimnis der alten Mysterien: dass man eben zur Weihnachtszeit die Art und Weise kennen lernt, wie die Erde dadurch, dass sie mit ihrem Seelisch-Geistigen durchtränkt und durchdrungen ist, besonders empfänglich wird für die Wirksamkeit der Mondenkräfte im Inneren der Erde ...

Die Menschen müssen wiederum lernen, das Geistige mit dem Naturlauf zusammen denken zu können. Es ist heute dem Menschen nicht bloß gestattet, esoterische Betrachtungen anzustellen; es ist heute notwendig für den Menschen, Esoterisches wiederum tun zu können. Das aber werden die Menschen nur tun können, wenn sie imstande sind, ihre Gedanken so konkret, so lebendig zu fassen, dass sie wiederum nicht nur denken, indem sie sich zurückziehen von allem Geschehen, sondern indem sie denken mit dem Lauf des Geschehens, zusammen denken mit den welkenden Blättern, mit den reifenden Früchten so michaelisch, wie man österlich zu denken verstand mit den blühenden Pflanzen, mit den sprossenden Pflanzen, mit den sprießenden Blüten.

Wenn man verstehen wird, mit dem Jahreslauf zu denken, dann werden sich in die Gedanken diejenigen Kräfte mischen, welche den Menschen wiederum Zwiesprache werden halten lassen mit den göttlich-geistigen Kräften, die sich aus den Sternen offenbaren. Aus den Sternen herunter haben sich die Menschen die Kraft geholt, Feste zu begründen, die innerliche menschliche Gültigkeit haben. Feste müssen die Menschen aus innerer esoterischer Kraft begründen. Dann werden sie aus den Zwiesprachen mit welkenden, mit reifenden Pflanzen, mit der absterbenden Erde, indem sie die rechte innerliche Festesstimmung dazu finden, wiederum auch Zwiesprache halten können mit den Göttern und menschliches Dasein an Götterdasein anknüpfen können. Dann wird auch der richtige Ostergedanke wieder da sein, wenn dieser Ostergedanke so lebendig sein wird, dass er den Michael-Gedanken aus sich hervortreiben kann ...

Unsere Gedanken bleiben alle abstrakt. Aber unsere Gedanken mögen noch so großartig, noch so geistvoll sein – wenn sie abstrakt bleiben, werden sie nicht das Leben durchdringen können. Heute, wo die Menschheit nachdenkt darüber, wie sie das Osterfest auf irgendeinen abstrakten Tag setzen könne, nicht mehr nach der Sternenkonstellation, heute, wo alles höhere Erkennen verdunkelt ist, wo man keinen Zusammenhang mehr hat zwischen der Einsicht in die moralisch-geistigen und naturalistisch-physischen Kräfte, heute muss wiederum die Kraft in dem Menschen erwachen, unmittelbar mit der sinnlichen Erscheinung der Welt etwas Geistiges verbinden zu können.

Worin bestand denn die geistige Kraft des Menschen, Feste schaffen zu können im Laufe des Jahres je nach dem Verlauf der Jahreserscheinungen? Sie bestand in der ursprünglichen geistigen Kraft. Heute können die Menschen nach der alten traditionellen Gewohnheit Feste fortfeiern, aber die Menschheit muss wiederum die esoterische Kraft gewinnen, von sich aus etwas in die Natur hineinsagen zu können nach dem natürlichen Ablauf. Gefunden werden muss die Möglichkeit, den Herbstes-Michael-Gedanken als Blüte des Ostergedankens zu fassen. Während der Ostergedanke der Ausfluss der sinnlichen Blüte ist, muss die Blüte des Ostergedankens, der Michael-Gedanke, als der Ausfluss des physischen Abwelkens in den Jahreslauf hineingestellt werden können.

40 Ostern – das Auferstehungsmysterium

Das Ostermysterium trat in seiner vollen Größe in die Menschheitsentwickelung herein durch das Geheimnis von Golgatha. Das Ostermysterium wurde verstanden, wie ich schon sagte, in der Zeit, als noch die Reste des alten Hellsehens vorhanden waren. Da konnten die Menschen sich noch erheben in ihrem Gemüte zu dem auferstandenen Christus. Das Ostermysterium wurde daher in denjenigen Kultus verwoben, der nun nicht ein Initiationskultus, sondern ein Kultus für die allgemeine Menschheit wurde: das Ostermysterium wurde verwoben in den Messekultus, in den Kultus der Messehandlung. Aber mit dem Zurückgehen der alten primitiven Hellsichtigkeit ging auch das Verständnis für das Ostermysterium verloren. Zu diskutieren beginnt man ja über eine Sache erst dann, wenn man sie nicht mehr versteht. Alle die Diskussionen, die dann eingesetzt haben nach dem ersten christlichen Jahrhunderte über die Art und Weise, wie man den Ostergedanken zu fassen hat, die rühren schon davon her, dass man den Ostergedanken nicht mehr in das unmittelbare elementare Verständnis hereinbringen kann.

Nun, wir haben ja oftmals auch auf den Ostergedanken anwenden können dasjenige, was uns die anthroposophische Geisteswissenschaft gibt. Und das ist das Wesentliche, dass diese anthroposophische Geistesforschung wiederum hinweist auf Lebensformen, die nicht innerhalb Geburt und Tod der sinnlichen Welt sich erschöpfen, und dass sie auch gegenüber dem, was sinnlich erforschbar ist, das geistig Erforschbare stellt, dass sie begreiflich macht, wodurch der Christus mit seinen Jüngern verkehren konnte, auch nachdem der physische Leib zerstäubt war. Der Auferstehungsgedanke gewinnt wiederum Lebendigkeit im Lichte der Geistesforschung. Aber vollständig begriffen wird dieser Auferstehungsgedanke nur dann, wenn er, ich möchte sagen, auch mit seinem Gegenpol verbunden wird.

Was stellt denn eigentlich der Auferstehungsgedanke dar? Die Christus-Wesenheit ist aus geistigen Höhen herabgestiegen, untergetaucht in den Leib des Jesus, lebte auf der Erde in dem Leib des Jesus, trug dadurch gewissermaßen die Kräfte des Außerirdischen in die Erdensphäre herein; und indem sie die Kräfte des Außerirdischen in die Erdensphäre hereintrug, waren von diesem Zeitpunkte, von dem Zeitpunkte des Mysteriums von Golgatha an, diese überirdischen Kräfte mit den Kräften der Menschheitsentwickelung verbunden. Seither ist das, was die Menschen in der alten Zeit nur draußen in den Weltenweiten schauen konnten, zu empfinden innerhalb der Menschheitsentwickelung der Erde. Der Christus hat sich nach der Auferstehung mit der Menschheit verbunden, lebt seither nicht nur in außerirdischen Höhen, lebt innerhalb des Erdendaseins, lebt in der Entwickelung, in der Entwickelungsströmung der Menschheit.

Dieses Ereignis muss vor allen Dingen angesehen werden nicht nur vom Gesichtspunkte des Irdischen aus, sondern auch vom Gesichtspunkte des Überirdischen. Man kann sagen: Man soll den Christus nicht nur so betrachten, wie er aus Himmelswelten herankommt an die Erde und Mensch wird, also den Menschen gegeben wird, sondern man soll dieses Christus-Ereignis auch so betrachten, wie der Christus fortgeht aus der geistigen Welt auf die Erde hinunter ...

Auf der einen Seite steht dieses: Der Mensch steigt herunter aus seinem vorirdischen Leben. Aber in dem Zeitalter, das mit der ersten Hälfte des 15. Jahrhunderts angebrochen ist, wird der Mensch im irdischen Leben immer mehr und mehr vergessen seinen überirdischen Ursprung, wird gewissermaßen für sein Seelisches im irdischen Leben ersterben. Das steht auf der einen Seite. Auf der andern Seite aber steht: Da gab es ein geistig-himmlisches Wesen, das hat durch seine Tat, die aus den Himmeln in die Erde hereinwirkte, das Gegenbild hingestellt: jenes geistige Wesen, das hinunterstieg in einen Menschenleib und das durch seine eigene Wesenheit das Überirdisch-Geistige in der Auferstehung unter die Menschen der Erde hereingesetzt hat. Zum Andenken dafür haben wir das Osterfest, das im Bilde hinstellt vor die Menschheit die Grablegung des Christus Jesus, die Auferstehung des Christus Jesus.

Er ist ins Grab gelegt worden und nachher auferstanden – das ist der Ostergedanke; das ist der Ostergedanke, wie er sich in die kosmischen Weistümer hineinstellt. – Siehe hin auf dich, o Mensch, du steigst herunter aus überirdischen Welten; dir droht die Gefahr zu ersterben für deine Seele in dem irdischen Leben. Da aber erscheint der Christus, der dir vor Augen stellt, wie dasjenige, in dem auch du urständest, das Überirdisch-Geistige, wie das den Tod besiegt. Das steht vor dir in dem größten der Bilder, die vor die Menschheit haben hingestellt werden können: die Grablegung des Christus Jesus, die Auferstehung des Christus Jesus. Er ist hineingelegt worden in das Grab. Er ist auferstanden aus dem Grab und denjenigen, die ihn schauen konnten, erschienen.

Aber mit den herabgelähmten Seelenkräften kann dieses Bild nicht mehr lebendig werden. Wo kann es heute noch lebendig werden in den abgelähmten Seelenkräften, wie sie heute sind?

In einem traditionellen Glauben kann der Mensch noch hinschauen auf das, was ihm die Osterfesteszeit gibt: auf das grandiose Bild der Grablegung und Auferstehung. Aus der inneren Kraft der Seele heraus kann er von sich selber nichts mehr verbinden mit diesem Ostergedanken, mit dem Gedanken der Grablegung und Auferstehung. Aus der geistigen Erkenntnis heraus muss er wiederum etwas damit verbinden. Und das kann kein anderes sein als dieses: Ja, es ist möglich, dass der Mensch Geist-Erkenntnis an sich herankommen lasse und dass er begreife das Andere. Stellen wir es vor uns hin, damit wir es uns tief in die Seele einschreiben, dieses Andere!

Der Ostergedanke: Er ist ins Grab gelegt, er ist erstanden. Stellen wir dagegen den andern Gedanken vor uns hin, der über die Menschheit kommen muss: Er ist erstanden und kann beruhigt ins Grab gelegt werden. – Ostergedanke: Er ist ins Grab gelegt, er ist erstanden. – Michael-Festgedanke: Er ist erstanden und kann beruhigt ins Grab gelegt werden.

Der erste Gedanke, der Ostergedanke, bezieht sich auf den Christus, der zweite Gedanke bezieht sich auf den Menschen, auf den Menschen, der gerade die Kraft des Ostergedankens begreift: wie durch Geist-Erkenntnis, wenn er eingetreten ist in das irdische Leben der Gegenwart, wo sein Seelisch-Geistiges erstirbt, seine Seele auferstehen kann, so dass er lebendig wird zwischen Geburt und Tod, so dass er im irdischen Leben innerlich lebendig wird. Dieses innerliche Erstehen, dieses innerliche Auferwecktwerden, das muss der Mensch begreifen durch Geisteswissenschaft; dann wird er beruhigt ins Grab gelegt. Dann wird er in das Grab gelegt, durch das er sonst denjenigen Mächten verfallen müsste, die als ahrimanische Mächte innerhalb des Erdenbereiches zur Wintersonnenwendezeit wirken.

41 Johanni-Stimmung und Weihnachtsfest

Wie ein Hinuntersteigen in die Tiefen des Irdischen empfand man die Weihnachtseinweihung. Aber man verknüpfe mit dieser Weihnachtseinweihung noch etwas anderes. Man verknüpfe mit dieser Weihnachtseinweihung etwas, was man in einem gewissen Sinne als eine Gefahr für die menschliche Wesenheit empfand. Man sagte sich etwa: Wenn man wirklich liebend anschaute, sein Bewusstsein damit erfüllend, dasjenige, was in der Erde als Mondenkräfte zur Weihnachtszeit lebt, dann kommt man in eine Art von Bewusstseinszustand, in dem man innerlich sehr stark sein muss, sich sehr gekräftigt haben muss, um auszuhalten den von allen Seiten herkommenden Anprall der ahrimanischen Mächte, die in der Erde gerade durch die Aufnahme der Mondenwirksamkeit leben. Und nur in der Stärke, die man in sich selber in seinem Seelisch-Geistigen entwickelte, um den Widerstand dieser Kräfte zu brechen, nur in dieser Stärke sah man dasjenige, was den Menschen auf die Dauer sein Erdendasein aushalten lassen kann.

Aber dann, einige Zeit nach der Feier dieser Weihnachtsmysterien, versammelten die Mysterienlehrer ihre Schüler, und wie eine Art Offenbarung teilten sie ihnen das Folgende mit. Sie sagten ihnen: Ja, gewiss, mit vollem Bewusstsein durchschauen, was zur Wintersonnenwende innerhalb der Erde wirkt, das kann man durch die Einweihung. Aber es steigt ja, namentlich wenn der Frühling heraufkommt, mit der wachsenden Pflanzenwelt dasjenige aus den Tiefen der Erde und durchdringt alles Wachsende, Sprießende, durchdringt auch den Menschen selber, was da die ahrimanischen Mächte bewirken. In der Zeit, in der dem Menschen noch göttliche Kräfte mitgegeben waren, wie sie ihm eben mitgegeben waren im Erdenbeginne, da konnten durch dieses ursprüngliche göttliche Erbe die Menschen den Anprall der ahrimanischen Mächte, die sich auf diese Weise durch die

Wintermondeszeit über die Menschheit ergossen, aushalten. Aber – so sagten die Eingeweihten ihren Schülern – es wird eine Zeit über die Menschheit kommen, wo gewissermaßen die Menschen betäubt sein werden über das Geistige durch das, was die Erde an Mondenkräften aufnimmt zur Winterzeit. Mit dem Wachsen und Sprießen im Frühling wird es wie ein Berauschtsein gegenüber dem Geistigen über die Menschheit kommen und der Menschheit das Bewusstsein nehmen, dass es überhaupt ein Geistiges gibt. Dann wird die Menschheit, wenn sie nicht die Möglichkeit findet, diesen berauschenden Kräften Widerstand zu leisten, der Erde verfallen und nicht sich mit der Erde weiter entwickeln können zu künftigen andern, höheren Stadien der Erdenentwickelung. – In düsteren Farben malten die Eingeweihten das Zeitalter, das mit dem 15. Jahrhunderte anbrechen musste für die Menschheit, wo die Menschheit allerdings groß sein wird in abstrakten toten Gedanken, wo die Menschheit aber nur dadurch wiederum geistfähig werden kann, dass sie neue Kraft gewinnt, um das Berauschende, das aus der Erde aufsteigt, zu besiegen durch die eigengeistige Kraft, welche die Menschheit entwickeln kann.

Wenn wir uns solche Vorstellungen machen, versetzen wir uns ungefähr in den Zusammenhang des natürlichen Jahreslaufes mit dem, was im Geist lebt. Wir bringen zusammen das, was sonst abstrakt, was nur nachgedacht wäre, mit demjenigen, was der natürlich-sinnliche Verlauf ist, wie er uns zum Beispiel in den Jahreszeiten entgegentritt.

Das Entgegengesetzte dieses Weihnachtsmysteriums ist das Johannimysterium bei der Sommersonnenwende. Da hat die Erde ganz und gar ausgeatmet. Da ist das Geistig-Seelische der Erde ganz hingegeben den überirdischen Mächten, den kosmischen Mächten. Da nimmt das Geistig-Seelische der Erde auf alles das, was außerirdisch ist. Ebenso wie vom Weihnachtsmysterium, so sagten die alten Eingeweihten vom Johannimysterium, dass es gilt – die Ausdrücke sind natürlich modern, aber es hat für diese Mysterien auch immer alte Formen gegeben –, dass es nötig sei, um die Geheimnisse des Johannimysteriums, das heißt die Geheimnisse der Himmel, zu durchdringen, die Einweihung, Initiation zu erlangen. Denn der Mensch gehört dem Umkreis der Erde an; er gehört weder dem Inneren der Erde an, noch gehört er den Himmeln an als irdischer Mensch. Daher muss er eingeweiht sein in die Geheimnisse des Unterirdischen, um die Geheimnisse des Überirdischen kennen zu lernen.

42 Das Michaelsfest als Ermutigung

In alten Zeiten haben die Menschen, wenn sie angeschaut haben, was heute Natur ist, noch den Geist durchscheinen gesehen. Heute müssen wir die Natur erkennen, um eben sagen zu können: Das alles ist nicht Geist, das ist Winterweisheit. Und alles, was Sommerweisheit ist, das muss andere Gestalt haben. – Damit der Mensch den Stoß bekommt, den Impuls bekommt zum Geist, muss er das Ungeistige, das Widergeistige erkennen. Und einsehen muss man solche Dinge, die heute noch kein Mensch zugibt. Heute sagt zum Beispiel jeder: Nun ja, wenn ich irgendein kleines Lebewesen habe, das man mit freiem Auge nicht sieht, so lege ich es unter das Mikroskop; da vergrößert es sich mir, dann sehe ich es. – Ja, aber man wird einsehen müssen: Diese Größe ist ja verlogen; ich dehne das Lebewesen aus, ich habe es nicht mehr, ich habe ein Gespenst. Das ist nicht mehr Wirklichkeit, was ich da sehe. Ich habe eine Lüge an die Stelle der Wahrheit gesetzt! – Es ist natürlich für die heutige Anschauung Wahnsinn, aber es ist gerade die Wahrheit. Wenn man einsehen wird, dass man Naturwissenschaft braucht, damit man an diesem Gebilde der Wahrheit den Stoß bekommt zur Wahrheit hin, dann wird die

Kraft entwickelt sein, die symbolisch angedeutet werden kann in der Überwindung des Drachen durch den Michael.

Aber dazu gehört etwas, was nun eigentlich auch schon, ich möchte sagen, auf geistige Art in den Annalen steht, aber es steht so, dass dann, als man keine rechte Ahnung mehr hatte von dem, was im Jahreslauf lebt, man die Sache auf den Menschen bezog. Da setzte man auf dasjenige, was zur Erleuchtung hinführt, den Begriff der Weisheit; da setzte man auf dasjenige, was hinführt zum Erkennen, den Begriff des Mutes; bei der Besonnenheit blieb es, und auf das, was der Buße entsprach, setzte man den Begriff der Gerechtigkeit. Hier haben Sie die vier platonischen Tugendbegriffe: Weisheit, Mut, Besonnenheit, Gerechtigkeit. Es wurde in den Menschen hineingenommen, was der Mensch vorher aus dem Leben des Jahreslaufes empfing. Das aber wird beim Michael-Fest ganz besonders in Betracht kommen: dass das wird sein müssen ein Fest zu Ehren des menschlichen Mutes, der menschlichen Offenbarung des Michael-Mutes. Denn was ist es, was heute den Menschen von der Geist-Erkenntnis zurückhält? Seelische Mutlosigkeit, um nicht zu sagen seelische Feigheit. Der Mensch will passiv alles empfangen, will sich hinsetzen vor die Welt wie vor ein Kino und will sich alles sagen lassen durch das Mikroskop und Teleskop. Er will nicht in Aktivität härten das Instrument des eigenen Geistes, der eigenen Seele. Er will nicht Michael-Nachfolger sein. Dazu gehört innerer Mut. Dieser innere Mut, der muss sein Fest bekommen in dem Michael-Fest. Dann wird von dem Fest des Mutes, von dem Fest der inneren mutigen Menschenseele ausstrahlen, was auch den anderen Festeszeiten des Jahres rechten Inhalt geben wird.

Ja, wir müssen sogar den Weg fortsetzen: wir müssen hereinnehmen in die menschliche Natur das, was früher draußen war. So steht es heute nicht mehr mit dem Menschen, dass er nur im Herbste das Erkennen der Natur und so weiter entwickeln könnte. Es steht schon so, dass im Menschen die Dinge heute ineinanderliegen, denn nur dadurch kann er seine Freiheit entfalten. Aber dabei bleibt es doch richtig, dass, ich möchte sagen, in einem verwandelten Sinne das Feste-Feiern wiederum notwendig wird. Waren die Feste ehemals Feste des Gebens des Göttlichen an die Irdischen, empfing der Mensch ehemals unmittelbar die Gaben der himmlischen Mächte bei den Festen, so besteht heute, wo er in sich die Fähigkeiten hat, die Metamorphosierung des Festgedankens darin, dass es Feste der Erinnerungen sind. So dass sich der Mensch in die Seele schreibt dasjenige, was er in sich vollbringen soll.

Und da wird es wiederum am besten sein, als das stärkstwirkende Fest der Erinnerung, dieses Fest, das den Herbst beginnt, das Michael-Fest zu haben, denn da spricht zu gleicher Zeit die ganze Natur eine bedeutsame kosmische Sprache. Die Bäume werden kahl, die Blätter verwelken, die Tiere, die den Sommer hindurch als Schmetterlinge die Luft durchflatterten, als Käfer die Luft durchsurrten, ziehen sich zurück. Viele Tiere verfallen in den Winterschlaf. Alles lähmt sich ab. Die Natur, die durch ihre eigene Wirksamkeit dem Menschen geholfen hat durch Frühling und Sommer, die Natur, die im Menschen gewirkt hat durch Frühling und Sommer, zieht sich zurück. Der Mensch ist auf sich zurückgewiesen. Was jetzt erwachen muss, wo die Natur einen verlässt, das ist der Seelenmut. Wiederum werden wir hingewiesen, wie es ein Fest des Seelenmutes, der Seelenkraft, der Seelenaktivität sein muss, was wir als Michael-Fest auffassen können.

Das ist es, was allmählich dem Festesgedanken einen Erinnerungscharakter geben wird, der aber schon angedeutet worden ist mit einem monumentalen Worte, mit welchem darauf hingewiesen wurde, dass in aller Zukunft dasjenige, was vorher Feste der Gaben waren, Erinnerungsfeste werden oder werden sollen. Dieses monumentale Wort, das das Fundament für alle Festgedanken sein muss, also auch derjenigen, die wieder entstehen werden, dieses monumentale Wort ist: »Dieses tut zu meinem Angedenken.« Da ist der Gedanke des Festes nach der Erinnerungsseite hingewendet.

So wie das andere, was im Christus-Impuls liegt, lebendig fortwirken muss, sich gestalten muss, nicht bloß totes Produkt bleiben darf, zu dem man zurückschaut, so muss auch dieser Gedanke empfindungs- und gedankenzeugend weiterwirken, und man muss verstehen, dass die Feste bleiben müssen, trotzdem der Mensch sich ändert, und dass daher auch die Feste Metamorphosen durchmachen müssen.

43 Mit der Natur leben und sterben

Wer diejenige feine Empfindung gegenüber der Natur, die ich charakterisieren wollte, nach und nach sich aneignet – und der Anthroposoph wird nach einiger Zeit bemerken, dass dies das Gefühlsresultat, das Gemütsresultat seines anthroposophischen Strebens sein kann –, wird unterscheiden lernen: Naturbewusstsein, das da entsteht während der Frühlings- und Sommerzeit, und eigentliches Selbstbewusstsein, das da sich wohlfühlt während der Herbstes- und Winterzeit. Naturbewusstsein: die Erde entwickelt, wenn der Frühling kommt, ihr sprießendes, sprossendes Leben. Und wer die richtige Empfindung gegenüber diesem sprießenden, sprossenden Leben hat, wer sprechen lässt in sich, was da eigentlich während des Frühlings vorhanden ist – man braucht es nicht bewusst zu haben, es spricht auch im Unterbewusstsein zum vollen menschlichen Leben –, wer das alles hat, der sagt nicht bloß: Die Blume blüht, die Pflanze keimt –, sondern der fühlt wahrhaftig ein Hingegebensein an die Natur, so dass er sagen kann: Mein Ich blüht in der Blume, mein Ich keimt in der Pflanze. – Dadurch erst entsteht Naturbewusstsein, dass man mitmachen lernt dasjenige, was im sprießenden, sprossenden Leben sich entwickelt, sich entfaltet. Mit der Pflanze keimen können, mit der Pflanze blühen können, mit der Pflanze fruchten können: das ist das, was Herausgehen des Menschen aus seinem Inneren bedeutet, was Aufgehen in der äußeren Natur bedeutet. Geistigkeit entwickeln bedeutet, dem Geist in seinem Weben und Werden nachfolgen können. Und wenn so der Mensch, indem er mit der Blüte blüht, mit dem Keime keimt, mit der Frucht fruchtet, selber in seiner feinen Naturempfindung die Frühlings- und Sommerzeit hindurch dieses Naturempfinden entwickelt, so bereitet er sich dadurch vor, gerade in der Hochsommerzeit hingegeben an das Weltenall, an den Sternenhimmel zu leben. Dann wird jedes Leuchtkäferchen etwas wie eine geheimnisvolle Offenbarung des Kosmischen; dann wird, ich möchte sagen, jeder Hauch in der Atmosphäre zur Hochsommerzeit eine Ankündigung vom Kosmischen innerhalb des Irdischen.

Dann aber, wenn die Erde wieder einatmet, und wenn man gelernt hat, mit der Natur zu empfinden, mit den Blumen zu blühen, mit den Keimen zu keimen, mit den Früchten zu fruchten, dann kann man allerdings nicht anders, weil man gelernt hat, mit seinem eigenen Wesen in der Natur zu sein, als nun auch das Herbsten und das Wintern mitzuerleben. Wer gelernt hat, mit der Natur zu leben, der bringt es auch dahin, mit der Natur zu sterben. Wer gelernt hat, im Frühling mit der Natur zu leben, der lernt auch, im Herbst mit der Natur zu sterben. Und so ist es, dass man auf eine andere Weise wieder hineinkommt in jene Empfindungen, die einmal den Mithraspriester so innerlich durchseelten, wie ich es in diesen Tagen beschrieben habe. Der Mithraspriester empfand in seinem eigenen Leibe den Jahreslauf. Das ist nicht mehr der gegenwärtigen Menschheit angemessen. Aber das muss immer mehr und mehr der Menschheit der nächsten Zukunft angemessen werden, und die Anthroposophen sollen Pioniere dieses Erlebens sein, den Jahreslauf mitzuerleben, mit dem Frühling leben zu können, mit dem Herbst sterben zu können.

Aber der Mensch darf nicht sterben. Der Mensch darf sich nicht überwältigen lassen. Er kann mit der sprießenden, sprossenden Natur mitleben, er kann an ihr das Naturbewusstsein entwickeln. Aber wenn er das Sterben mit der Natur miterlebt, dann ist dieses Miterleben die Aufforderung, in seinem Inneren die eigenen Schaffenskräfte seines Wesens diesem Sterben entgegenzustellen. Dann sprießt und sprosst das Geistig-Seelische, das eigentliche Selbstbewusstsein in ihm auf, und er wird im innerlichen Erleben, wenn er das Sterben der Natur im Herbste und Winter mitmacht, der Auferwecker seines eigenen Selbstbewusstseins im höchsten Grade. Und so wird der Mensch, so metamorphosiert er sich selber im Jahreslaufe, indem er erlebt: Naturbewusstsein – Selbstbewusstsein. Da muss dann, wenn das Sterben der Natur mitgemacht wird, die innere Lebenskraft erwachen. Wenn die Natur ihre Elementarwesen hineinnimmt in ihren Schoß, muss die innere Menschenkraft zum Erwachen des Selbstbewusstseins werden.

Michael-Kräfte – jetzt spürt man sie wieder! Aus ganz andern Voraussetzungen ist das Bild des Streites Michaels mit dem Drachen in alten instinktiven Hellseherzeiten entstanden. Jetzt aber, indem wir in aller Lebendigkeit begreifen: Naturbewusstsein – Selbstbewusstsein, Frühlings-, Sommer-, Herbst-, Winterzeit, stellt sich mit dem Ende des September wieder dieselbe Kraft vor den Menschen hin, die ihm vergegenwärtigt, was eben, wenn man das Sterben der Natur mitmacht, aus diesem Grabe als siegende Kraft sich entwickeln soll, welche im Inneren des Menschen zur Hellheit das wahre, das starke Selbstbewusstsein entfacht. Jetzt ist wieder der über den Drachen siegende Michael da.

So muss einfach anthroposophisches Wissen, anthroposophische Erkenntnis als Kraft in das menschliche Gemüt einfließen.

Und der Weg geht von unseren trockenen, abstrakten, aber exakten Vorstellungen dahin, wo die ins Gemüt aufgenommene lebendige Erkenntnis uns wiederum hinstellt vor etwas, was so lebensvoll ist wie in alten Zeiten das herrliche Bild des Michael, der den Drachen bekämpft. Anderes als abstrakte Begriffe steht damit wiederum in der Weltanschauung vor unseren Seelen.

Zeittafel

1861	Rudolf Steiner wird am 27. Februar im österreichisch-ungarischen Kraljevec als Sohn des österreichischen Bahnbediensteten Johann Steiner und seiner Ehefrau Franziska, geb. Blie, geboren.
1872	Besuch der Realschule in Wiener Neustadt.
1879	Abitur und Beginn des Studiums an der Technischen Hochschule Wien: Mathematik, Naturwissenschaften, Philosophie.
1882-1897	Herausgabe der Naturwissenschaftlichen Schriften Goethes im Rahmen von Kürschners *Deutsche Nationalliteratur*.
1884-1890	Als Privatlehrer bei der Familie Specht in Wien.
1886	*Grundlinien einer Erkenntnistheorie der Goetheschen Weltanschauung.*
1888	Als Redakteur der *Deutschen Wochenschrift*, Wien.
1890-1897	Als freier ständiger Mitarbeiter am Goethe- und Schiller-Archiv in Weimar; Herausgeber naturwissenschaftlicher Schriften Goethes (Sophienausgabe).
1891	Promotion zum Doktor der Philosophie an der Universität Rostock mit der Dissertation: *Die Grundfrage der Erkenntnistheorie mit besonderer Rücksicht auf Fichtes Wissenschaftslehre*

1892	*Wahrheit und Wissenschaft.*
1894	*Die Philosophie der Freiheit.*
1895	*Friedrich Nietzsche, ein Kämpfer gegen seine Zeit.*
1897	*Goethes Weltanschauung.* – In Berlin Herausgabe des *Magazins für Literatur* und der *Dramaturgischen Blätter* sowie weitere freie publizistische Tätigkeit.
1899-1904	Als Lehrer und Referent in der Berliner Arbeiter-Bildungsschule.
1900-1901	*Welt- und Lebensanschauungen im 19. Jahrhundert.*
1901	*Die Mystik im Aufgange des neuzeitlichen Geisteslebens;* Vortragstätigkeit u.a. in theosophischen Kreisen.
1902	*Das Christentum als mystische Tatsache;* Eintritt in die Theosophische Gesellschaft, deren deutscher Generalsekretär Steiner wird; Beginn einer sich stetig ausweitenden Reise- und Vortragstätigkeit, die letztlich der Ausgestaltung der von ihm vertretenen Anthroposophie dient.
1904	*Theosophie.*
1904/05	*Wie erlangt man Erkenntnisse der höheren Welten?*
1910	*Die Geheimwissenschaft im Umriss.*
1910-1913	Uraufführung der vier Mysteriendramen in München.
1911	*Die geistige Führung des Menschen und der Menschheit.*
1912	*Anthroposophischer Seelenkalender.*
1912/13	Begründung der Anthroposophischen Gesellschaft und Ausschluss aus der Theosophischen Gesellschaft. – *Die Schwelle der geistigen Welt.*
1913	2. September: Grundsteinlegung zum ersten Goetheanum in Dornach bei Basel.
1914	*Die Rätsel der Philosophie in ihrer Geschichte als Umriss dargestellt.*

1916	*Vom Menschenrätsel.*
1917	*Von Seelenrätseln.*
1918/19	Steiner setzt sich in Wort und Schrift für die Durchsetzung seiner Idee der *Dreigliederung des sozialen Organismus* ein. – Am 7. September Eröffnung der ersten Stuttgarter Waldorfschule.
1920 ff.	Beginn der anthroposophischen freien Hochschularbeit am Goetheanum in Dornach, mit Kursen für Pädagogen, Mediziner, Naturwissenschaftler und Künstler.
1922	*Kosmologie, Religion und Philosophie.* – 16. September: Begründung der Christengemeinschaft als Bewegung für religiöse Erneuerung. – 31. Dezember: Das erste Goetheanum wird durch Brandstiftung vernichtet.
1923	Begründung der *Allgemeinen Anthroposophischen Gesellschaft* während der sog. Weihnachtstagung in Dornach.
1923-1925	In der Wochenschrift *Das Goetheanum* erscheint in Fortsetzungen Steiners Autobiographie *Mein Lebensgang.*
1924	Pfingsten: Begründung der biologisch-dynamischen Landwirtschaft in Koberwitz bei Breslau. – 28. September: letzter Mitgliedervortrag in Dornach; letztes Krankenlager.
1925	30. März: Tod Rudolf Steiners. – 3. April: Einäscherung im Krematorium Basel, Horburg-Friedhof; die Urne ist im neu erbauten Goetheanum beigesetzt.

Literatur

I. Werke

Sie liegen nahezu vollständig vor in der Rudolf Steiner Gesamtausgabe, herausgegeben von der Rudolf Steiner-Nachlassverwaltung, erschienen im Rudolf Steiner Verlag Dornach/Schweiz.

Erste Abteilung: Die Schriften

I. Werke. 28 Bände (GA 1-28)
II. Gesammelte Aufsätze. 8 Bände (GA 29-36)
III. Veröffentlichungen aus dem Nachlass. Ca. 7 Bände (GA 38-46)

Zweite Abteilung: Das Vortragswerk

I. Öffentliche Vorträge. Ca. 30 Bände (GA 51-84)
II. Vorträge vor Mitgliedern der Anthroposophischen Gesellschaft. Ca. 180 Bände (GA 91-270)
III. Vorträge und Kurse zu einzelnen Lebensgebieten Kunst – Erziehung – Medizin – Naturwissenschaft – Soziale Fragen – Vorträge über christlich-religiöses Wirken – Arbeitervorträge. Ca. 90 Bände (GA 271-354)

Dritte Abteilung: Das künstlerische Werk

Reproduktionen und Veröffentlichungen aus dem künstlerischen Nachlass. Ca. 50 Bände und Mappen sowie Einzelreproduktionen

3 Bände: Bibliographische Übersicht – Sachwort- und Namenregister – Inhaltsangaben

Die Gesamtausgabe der Werke Rudolf Steiners wird, ohne die Reproduktionen des künstlerischen Werkes, ca. 350 Bände umfassen, von denen über 300 bereits erschienen sind (davon über 100 Titel auch in Taschenbuchausgaben).

II. Sekundärliteratur

Belyi, Andrej: Verwandeln des Lebens. Erinnerungen an Rudolf Steiner. Basel 1977.

Binder, Andreas: Wie christlich ist die Anthroposophie. Stuttgart 1989.

Bock, Emil: Rudolf Steiner. Studien zu seinem Lebensgang und Lebensweg. Stuttgart 1961; 1967.

Hemleben, Johannes: Rudolf Steiner in Selbstzeugnissen und Bilddokumenten. Reinbek 1963.

Hiebel, Friedrich: Rudolf Steiner im Geistesgang des Abendlandes. Bern 1965; 1975.

Grom, Bernhard: Anthroposophie und Christentum. München 1989

Kleeberg, Ludwig: Wege und Worte. Erinnerungen an Rudolf Steiner aus Tagebüchern und Briefen. Basel 1928; Stuttgart 1990.

Krück von Poturzyn, Marie J. (Hrg.): Wir erlebten Rudolf Steiner. Stuttgart 1977.

Kugler, Walter: Rudolf Steiner und die Anthroposophie. Köln 1978.

Lindenberg, Christoph: Rudolf Steiner. Eine Chronik. Stuttgart 1988.

–: Rudolf Steiner in Selbstzeugnissen und Bilddokumenten. Reinbek 1992.

–: Rudolf Steiner. Eine Biographie. Stuttgart 1997.

Rittelmeyer, Friedrich: Meine Lebensbegegnung mit Rudolf Steiner (1928), [11]1993.

Wachsmuth, Günther: Rudolf Steiners Erdenleben und Wirken. Von der Jahrhundertwende bis zum Tode. Dornach 1951; 1964.

Wehr, Gerhard: C.G. Jung und Rudolf Steiner. Konfrontation und Synopse. Stuttgart 1972; Zürich 1990 (Diogenes TB 21 810).

–: Der pädagogische Impuls Rudolf Steiner. München 1978; Stuttgart 1994.

–: Der innere Weg. Anthroposophische Erkenntnis, geistige Orientierung und meditative Praxis. Reinbek 1983; Stuttgart 1994.

–: Rudolf Steiner. Leben, Erkenntnis, Kulturimpuls. München [2]1988.

–: Kontrapunkt Anthroposophie. Spiritueller Impuls und kulturelle Alternative. München 1993.

–: Rudolf Steiner. Zur Einführung. Hamburg 1994.

–: Spirituelle Meister des Westens. Leben und Lehre. München 1995 (Diederichs Gelbe Reihe 116).

–: Friedrich Rittelmeyer. Biographie. Stuttgart 1998.

Quellenverzeichnis

Das literarische und das Vortragswerk Rudolf Steiners liegt in verschiedenen Ausgaben vor. Um die betreffenden Zitate im Zusammenhang lesen zu können, werden sie unter Titelangabe sowie unter Beifügung der Nummer der Rudolf Steiner-Gesamtausgabe (GA) ausgewiesen, die im Rudolf Steiner Verlag Dornach/Schweiz nahezu vollständig, z.T. auch in einer Taschenbuchedition erschienen ist. Bei Vortragstexten tritt noch die Zeitangabe hinzu.

1   GA 82 Damit der Mensch ganz Mensch werde. Die Bedeutung der Anthroposophie im Geistesleben der Gegenwart, 10.4.1922
2   Ebd., 7.4.1922
3   Ebd., 7.4.1922
4   GA 13 Die Geheimwissenschaft im Umriss, Kapitel: Wesen der Menschheit
5-12 Ebd.
13-19 GA 9 Theosophie. Einführung in übersinnliche Welterkenntnis und Menschenbestimmung, Kapitel: Der Pfad der Erkenntnis
20   GA 8 Das Christentum als mystische Tatsache und die Mysterien des Altertums, Kapitel: Gesichtspunkte
21   Ebd.
22-24 Ebd., Kapitel: Das Lazarus-Wunder
25-26 GA 103 Die Wirklichkeit der höheren Welten, 1.12.1921
27-28 GA 103 Das Johannesevangelium, 26.5.1908
29   GA 155 Christus und die menschliche Seele, 12.7.1914

30   GA 15 Die geistige Führung des Menschen und der Menschheit (1911), 3. Vortrag
31   GA 201 Entsprechungen zwischen Mikrokosmos und Makrokosmos, 16.5.1920
32   GA 156 Okkultes Leben und okkultes Hören, 27.12.1914
33   Ebd.
34   GA 130 Das esoterische Christentum und die geistige Führung der Menschheit, 5.5.1912
35   Ebd.
36   GA 142 Die Bhagavadgita und die Paulusbriefe, 13.12.1912
37   GA 83 Westliche und östliche Weltgegensätzlichkeit, 4.6.1922
38   GA 52 Spirituelle Seelenlehre und Weltbetrachtung, 8.12.1904
39   GA 223 Der Jahreskreislauf als Atmungsvorgang der Erde und die vier großen Festeszeiten, 1.4.1923
40   Ebd.
41   Ebd.
42   Ebd. 8.4.1923
43   Ebd. Die Anthroposophie und das menschliche Gemüt, 1.10.1923